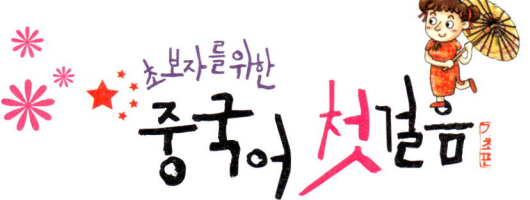

초보자를 위한
중국어 첫걸음

2015년 4월 5일 초판 1쇄 박음
2016년 3월 25일 초판 2쇄 펴냄

지은이 국제어학연구소 중국어 학부
펴낸이 황희재
펴낸곳 국제어학연구소 출판부

출판등록 2010년 1월 18일 제302-2010-000006호
주소 (04316)서울특별시 용산구 원효로 83길 5-4(원효로 1가)
Tel 02·704·0900/715·9064 Fax 02·703·5117
홈페이지 www.bookcamp.co.kr

책임편집 홍다휘
표지 디자인 강윤선
편집 디자인 최영란
삽화 김미경
마케팅 김봉선
제작 조남교
MANAGEMENT 문혜란

ISBN 978-89-5911-142-8 13720

◦ 가격은 표지 뒷면에 표시되어 있습니다.

초보자를 위한
중국어
첫걸음
기초편

국제어학연구소출판부

중국어 회화에
왕도는 없습니다.

중국어 공부, 어떻게 해야 될까요?
'중국어 하면 막막하기만 해서', '중국어는 발음이 너무 어려워서', '초보자용 교재로 마땅한 것이 없어서' 등등의 이유로 학습자들이 중국어에 관심은 많지만 결국 끝을 보지 못하고 얼마 안 가서 쉽게 포기해 버리는 경우가 종종 있습니다.

『초보자를 위한 중국어 첫걸음』은 좀 더 쉽게 중국어에 근접할 수 있도록 중국에서의 실생활을 중심으로 한 기본 문형 4개로 시작하였습니다.

학습자의 흥미를 유발할 수 있도록 재미있는 삽화를 포함, 올컬러로 구성하였습니다.
중국어를 본격적으로 들어가기에 앞서, 가장 어려워하는 성조와 발음을 차근차근 설명하였습니다.
중반부까지 한글식 발음을 달아 중국어 발음을 익히는 데에 부담을 덜어 주었습니다.
쉽고 빠르게 이해하고 익힐 수 있도록 가장 기초가 되는 문장을 중심으로 한 회화 4마디로 엮었습니다. 처음 중국어를 시작하려는 학습자들의 눈높이에 맞추어 실생활에서 가장 많이 쓰이는 어휘들로만 선별, 문장을 정리하였습니다.
좀더 유익하고 재미있는 중국어 학습을 위해서 중국에서 전해 오는 실화와 고사성어, 속담을 함께 묶어 부록에 정리하였습니다.

중국어를 사랑하는 모든 학습자 여러분들!
외국어 공부에 왕도는 없습니다. 그러나 이 책에 나오는 차례대로 공부하면 분명 한 만큼 성과가 있으리라 확신합니다. 이제 이 책을 어떻게, 또 얼마나 활용하느냐는 중국어에 첫발을 디딘 여러분께 달려 있습니다.
모두 "加油! Jiā yóu! 화이팅!" 하십시오!

● 구성

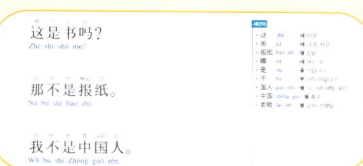

기초 표현
중국어를 처음 배우시는 분들을 위해 가장 쉬운 문장들만 엄선하여 기초 표현들을 혼자서도 익힐 수 있게 구성하였습니다.

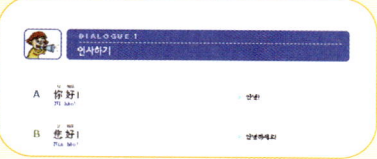

DIALOGUE 1, 2
기초 표현에서 다룬 문장이 실생활에서 어떻게 쓰이고 있는지, 좀더 업그레이드된 표현들을 배울 수 있습니다.

그림으로 배워요
무조건 외우는 사전식 암기법에서 벗어나 재미있는 그림과 함께 상황별 단어가 한눈에 들어오도록 구성된 코너입니다.

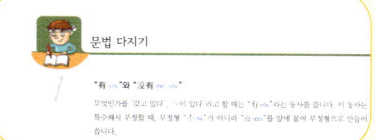

문법 다지기
처음 중국어를 접하는 분들에게 거부감이 들지 않도록 꼭 알아 두어야 할 문법들만 추려 내어 쉽게 담았습니다.

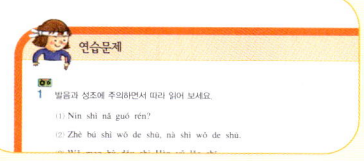

연습 문제
앞에서 배웠던 표현들을 듣고 풀어 보는 시간입니다. 자주 쓰이는 생활 속 표현들이 다시 한 번 머릿속으로 쏙쏙 들어옵니다.

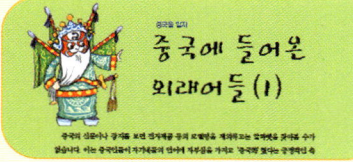

중국을 알자
사전에는 나와 있지 않지만 중국에서 쓰이고 있는 외래어나 비속어, 그리고 그들의 문화를 정리하였습니다. 처음 중국어를 배우시는 분들에게 중국을 이해하는 데 많은 도움이 될 것입니다.

고사성어와 속담
좀더 유익하고 재미있는 중국어 학습을 위해서 중국에서 전해 오는 실화와 고사성어, 그리고 속담을 함께 묶어 부록에 정리하였습니다. 중국의 언어와 문화를 이해하는 데 좀더 도움을 줄 것입니다.

CONTENTS

00

중국어와 발음

① 중국어의 음절

무턱대고 중국어를 쓰기 전에 먼저 알아 두어야 할 것은 발음입니다. 그렇다면 중국어는 어떻게 발음해야 할까요? 중국어를 발음하는 데 있어서 가장 기본이 되어야 하는 것은 바로 소리 나는 대로 표기한 것을 읽어 보는 것입니다. 중국어를 처음 접하는 사람에게 그 글자만으로는 정확한 발음을 요구할 수가 없지요.

중국어 발음은 다음과 같이 성모, 운모, 성조로 구성되어 있습니다.

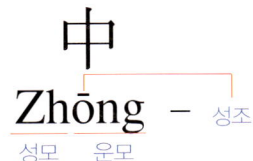

(1) 성모 : 음을 시작하는 자음으로서 모두 21개입니다.
(2) 운모 : 성모를 제외한 나머지 부분으로 모두 38개입니다.
(3) 성조 : 음절의 높낮이(高低)를 표시한 것으로서, 모두 4성(四声)과 경성(轻声)이 있습니다. 동일한 성모와 운모를 가진 중국어라 할지라도 이 성조에 따라 그 의미가 확연히 달라집니다.

제1성	제2성	제3성	제4성
妈 mā 엄마	麻 má 삼(麻)	马 mǎ 말(馬)	骂 mà 욕하다

■ 4성을 내는 방법

제1성 : 높고 평온한 음조. 높은 음조로 그대로 지속시킵니다. (주모음 위에 '‒')

제2성 : 끝을 살짝 올리는 음조. 높은 음조를 향해 끝만 올립니다. (주모음 위에 '✓')

제3성 : 중간을 깊게 내리는 음조. 낮게 휘었다가 끝을 다시 올립니다. (즈모음 위에 'ﬠ')

제4성 : 끝을 내리는 음조. 단숨에 급강합니다. (주모음 위에 'ﬠ')

중국어의 각 음절은 원칙적으로 성조를 갖고 있지만 때로는 환경에 따라 본래의 성조를 잃고 가볍게 발음되는 것이 있습니다. 이런 것을 경성이라고 합니다. 표기는 주모음 위에 'ﬠ'으로 하나 거의 하지는 않으며 가볍게 읽으면 됩니다.

妈妈　mā ma 엄마

본래 '妈'는 제1성인데 '妈妈'로 읽을 때는 뒤에 오는 '妈'가 본래의 성조를 잃고 경성으로 발음되어 버립니다. 성조와 경성에 대해서는 뒤에서 좀더 자세히 공부해 보도록 하지요.

자, 그렇다면 이제 성조를 어디에 표기해야 하냐구요? 성조는 그 단어 중에서 꼭 주모음 위에 표시하여야 합니다. 공식이 있지요. 우선 순위 주모음은 다음과 같습니다.

TIP

① 'a'가 있을 경우, 'a'에 제일 먼저 표기합니다.　예 天 tiān

② 'a'가 없을 경우, 'e'와 'o'에 표기합니다.　예 写 xiě　作 zuò

③ 'i'와 'u'가 함께 있을 경우, 뒤에 오는 모음에 표기합니다.　예 六 liù　水 shuǐ

④ 'i' 위에 성조 부호가 올 경우, 'i' 위의 점은 생략합니다.　예 起 qǐ

❷ 중국어 발음의 분류

(1) 성모의 분류

우리말의 자음 'ㄱ, ㄴ, ㄷ, …'을 읽을 때 '기역, 니은, 디귿, 리을, …'이라고 발음하는 것처럼, 중국어의 성모도 'b, p, m, f, …'에 운모 'o'를 붙여 'bo(뽀어), po(포어), mo(모어), fo(포어), …'라고 읽습니다. 중국어의 성모(자음)에는 총 21개가 있으며 발음되는 부위에 따라 아래와 같이 분류됩니다.

한어병음	읽기	분류	발음 요령	
b p m	뽀어 포어 모어	쌍순음	두 입술을 마주 붙였다 떼며 발음합니다.	
f	포*어	순치음	영어의 'f'처럼 윗니를 얹고 공기를 내뱉으며 발음합니다.	
d t n l	뜨어 트어 느어 러어	설첨음	혀끝을 입천장에 가볍게 붙였다 떼면서 발음합니다.	
g k h	끄어 크어 흐어	설근음	혀뿌리로 목구멍을 살짝 막았다가 트면서 발음합니다.	
j q x	지 치 시	설면음	혀를 평평하게 펴고 입을 옆으로 벌려 발음합니다.	
zh ch sh r	즈* 츠* 스* 르*	권설음	혀끝을 말아 입천장에 거의 닿을 듯이 하고 그 사이로 공기를 내보내며 발음합니다.	
z c s	쯔 츠 쓰	설치음	혀끝을 윗니 뒤에 붙였다 떼면서 공기가 새듯 발음합니다.	

⑵ 운모의 분류

우리말의 모음 'ㅏ'가 단독으로 음절을 구성할 때 '아'라고 표기하듯이 중국어의 운모에도 같은 원리로 붙여 줍니다.

한어병음에 주의하면서 발음 요령대로 천천히 발음해 봅시다.

한어병음	읽기	분류	발음 요령
a	아	단운모	입을 크게 벌리고 '아' 발음합니다.
o	오(어)		입을 둥글게 하고 '오'와 '어'의 중간음을 냅니다.
e	(으)어		입을 약간 벌리고 혀를 뒤로 하여 '어'를 발음합니다.
i	이		입을 좌우로 당기고 길게 '이'하고 발음합니다.
u	우		둥글게 오므린 입술을 앞으로 내밀며 '우'라고 발음합니다.
ü	위		'우'의 입 모양으로 '위'를 발음합니다.
ai	아이	복운모	앞의 모음을 길고 강하게 발음하고 뒤의 모음은 짧고 가볍게 발음합니다.
ei	에이		
ao	아(어)오		
ou	(어)오우		
an	안	부성운모	'아'를 발음하면서 혀끝을 윗잇몸에 붙인 채 'ㄴ' 받침을 붙여 발음합니다.
en	언		'어'를 발음하면서 마찬가지로 'ㄴ' 받침을 붙여 발음합니다.
ang	앙		'아'를 발음하면서 마찬가지로 'ㅇ' 받침을 붙여 둥글게 발음합니다.
eng	엉		'어'를 발음하면서 마찬가지로 'ㅇ' 받침을 붙여 둥글게 발음합니다.
er	얼	권설운모	'어'를 발음하면서 혀끝을 살짝 말아 올려 '르' 받침을 붙여 발음합니다.

TIP
① 'i'가 단독적으로 음절을 구성할 때 'yi'로 바꿔 표기합니다.
② 'u'가 단독적으로 음절을 구성할 때 'wu'로 바꿔 표기합니다.
③ 'ü'가 단독적으로 음절을 구성할 때 'yu'로 표기합니다.
단, 'ü'가 'j', 'q', 'x'와 결합할 때 위의 두 점은 생략합니다.

(3) 결합운모의 분류

결합운모는 'i', 'u', 'ü' 세 운모와 앞에서 배운 단운모, 복운모, 부성운모, 권설운모 등이 결합하여 이루어진 것입니다.

한어병음	읽기	발음 요령
ia	이아	• 'i'와 결합된 결합운모가 성모 없이 단독적으로 음절을 이룰 때 'i'를 'y'로 바꿔 표기합니다.
ie	이에	ia→ ya, ie→ ye, iao→ yao, iou→ you, ian→ yan, in→ yin, iang→ yang (단, 'in'과 'ing'는 'y'를 덧붙임)
iao	이아오	
iou	이어우	
ian	이엔	• 'iou'가 성모와 결합할 때 'iu'로 표기한다.
in	인	j + iou→ jiu
iang	이앙	
ing	잉	• 'ian'은 발음 시 'a'가 'e'로 변하여 '이엔'이 된다.
iong	이옹	
ua	우아	• 'u'와 결합된 결합운모가 성모 없이 단독적으로 음절을 이룰 때 'u'를 'w'로 바꿔 표기합니다.
uo	우오	ua→ wa, uo→ wo, uai→ wai, uan→ wan, uang→ wang, ueng→ weng
uai	우아이	
uei	웨이	• 'uei'와 uen'이 성모와 결합할 때 'e'를 생략한다.
uan	우완	d + uei → dui, t + uen → tun
uen	원	
uang	우앙	• 'ueng'이 성모와 결합하면 'ong'이 된다.
ueng	웡	
üe	위에	• 'ü'와 결합된 결합운모가 성모 없이 단독적으로 음절을 이룰 때 'ü'는 'yu'로 바꿔 표기합니다.
üan	위엔	üe→ yue, üan→ yuan, ün→ yun
ün	윈	

3 중국어의 읽기

(1) 성모 읽기

① 쌍순음(双唇音) : b, p, m

笨蛋 바보
bèn dàn

葡萄 포도
pú tao

没有 없다
méi yǒu

② 순치음(唇齿音) : f

减肥 다이어트하다
jiǎn féi

③ 설첨음(舌尖音) : d, t, n, l

电话 전화
diàn huà

天气 날씨
tiān qì

牛奶 우유
niú nǎi

脸色 안색
liǎn sè

④ 설근음(舌根音) : g, k, h

故宫 고궁
gù gōng

咳嗽 기침하다
ké sou

会话 회화
huì huà

⑤ 설면음(舌面音) : j, q, x

假话 거짓말
jiǎ huà

请客 한턱내다
qǐng kè

学习 공부하다
xué xí

⑥ 권설음(卷舌音) : zh, ch, sh, r

猪八戒 저팔계
Zhū bā jiè

长城 만리장성
cháng chéng

书 책
shū

软弱 연약하다
ruǎn ruò

⑦ 설치음(舌齿音) : z, c, s

左转 좌회전하다
zuǒ zhuǎn

层次 계층
céng cì

撒散 (돈을) 뿌리다
sǎ sɑn

연습문제

1 MP3를 듣고 맞는 발음을 찾아보세요.

① ba( ) - pa( )   da( ) - ta( )   na( ) - la( )

② ga( ) - ka( )   zhi( ) - zi( )   shi( ) - si( )

(2) 운모 읽기

① 단운모 : a, o, e, i, u, ü

妈妈 엄마
mā ma

破除 타파하다
pò chú

歌儿 노래
gēr

地理 지리
dì lǐ

父母 부모
fù mǔ

女虚子 여자 깡패
nǚ xū zi

② 복운모 : ai, ei, ao, ou

白菜 배추
bái cài

肥美 비옥하다
féi měi

老师 선생님
lǎo shī

兜售 행상하다
dōu shòu

③ 부성운모 : an, en, ang, eng

参加 참가하다
cān jiā

根本 근본
gēn běn

当场 그 자리에서
dāng chǎng

风声 소문
fēng shēng

④ 권설운모 : er

耳朵 귀
ěr duo

⑤ 결합운모 : ia, ie, iao, iou, ian, in, iang, ing, iong, ua, uo, uai, uei, uan, uen, uang, ueng, üe, üan, ün

恰恰 마침
qià qià

姐姐 누나, 언니
jiě jie

教导 지도하다
jiào dǎo

牛 소
niú

电视 텔레비전
diàn shì

拼音 표음 문자
pīn yīn

两样 두 종류
liǎng yàng

眼镜 안경
yǎn jìng

穷巴子 가난뱅이
qióng bā zi

花袜 무늬 양말
huā wà

阔绰 호사스럽다
kuò chuò

乖乖 귀염둥이
guāi guāi

水位 수위
shuǐ wèi

软心 자비심
ruǎn xīn

魂灵 혼령
hún líng

狂妄 오만하다
kuáng wàng

翁婿 장인과 사위
wēng xù

约略 대략
yuē lüè

远大 원대하다
yuǎn dà

均等 균등하다
jūn děng

연습문제

2 MP3를 듣고 한어병음을 써 보세요.

① _____ _____

② _____ _____

16

4 소리의 높낮이, 성조(声调)

　　우리말과는 달리, 중국어에는 글자 하나하나에 모두 소리의 높낮이가 있습니다. 동일한 발음이라도 성조가 달라지면 그 뜻이 완전히 달라지지요. 앞에서 간단히 그 성조에 대해서 익혔지만, 이제 테이프를 들으면서 보다 정확하고 자세한 발음을 연습해 봅시다.

(1) 제1성 : 높고 평온한 음조. 높은 음조로 그대로 지속시킵니다.

冬天

中国

风采

① 1성 + 1성	咖啡	kā fēi	커피	冬天	dōng tiān	겨울
② 1성 + 2성	中国	Zhōng guó	중국	膝头	xī tóu	무릎
③ 1성 + 3성	吹打	chuī dǎ	연주하다	风采	fēng cǎi	풍채
④ 1성 + 4성	工作	gōng zuò	일하다	猞猁	shē lì	스라소니

(2) 제2성 : 끝을 살짝 올리는 음조. 높은 음조를 향해 끝만 올립니다.

邮局

游泳

学校

① 2성 + 2성	邮局	yóu jú	우체국	学时	xué shí	수업 시간
② 2성 + 1성	昨天	zuó tiān	어제	明天	míng tiān	내일
③ 2성 + 3성	牛奶	niú nǎi	우유	游泳	yóu yǒng	수영하다
④ 2성 + 4성	条件	tiáo jiàn	조건	学校	xué xiào	학교

(3) 제3성 : 중간을 깊게 내리는 음조. 낮게 휘었다가 끝을 다시 올립니다.

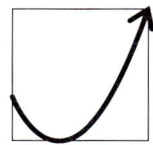

你好

先生

眼泪

① 3성 + 3성	你好	Nǐ hǎo	안녕	悄悄	qiǎo qiǎo	몰래
② 3성 + 1성	左边	zuǒ biān	왼쪽	老师	lǎo shī	선생님
③ 3성 + 2성	演习	yǎn xí	(훈련) 연습하다	养头	yǎng tóu	양육비
④ 3성 + 4성	眼泪	yǎn lèi	눈물	考试	kǎo shì	시험

(4) 제4성 : 끝을 내리는 음조. 단숨에 급강합니다.

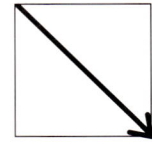

路

大学

再见

① 4성 + 4성	让步	ràng bù	양보	再见	Zài jiàn	잘 가
② 4성 + 1성	地区	dì qū	지구	当天	dàng tiān	그날
③ 4성 + 2성	大学	dà xué	대학	绿茶	lù chá	녹차
④ 4성 + 3성	妙法	miào fǎ	묘안	对嘴	duì zuǐ	말대꾸하다

(5) 경성 : 가볍고 짧게 발음합니다.

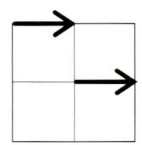
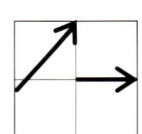
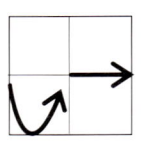
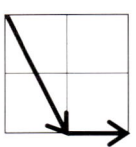

① 1성 + 경성	先生	xiān sheng	선생님	哥哥	gē ge	오빠, 형
② 2성 + 경성	伯伯	bó bo	큰아버지	学生	xué sheng	학생
③ 3성 + 경성	果子	guǒ zi	과일	椅子	yǐ zi	의자
④ 4성 + 경성	漂亮	piào liang	아름답다	妹妹	mèi mei	여동생

TIP

* **경성으로 발음되는 경우**

① 조사 : 吗 ma, 吧 ba, 的 de

真的吗? Zhēn de ma? 정말이야?　　　　去养! Qù ba! 가자!

② 복수를 나타내는 접미사 : 们 men

我们 wǒ men　우리들　　　　你们 nǐ men 너희들

他们 tā men　그들　　　　她们 tā men 그녀들

③ 동음이 중첩된 명사나 동사의 둘째 음절

弟弟 dì di　　남동생　　　　　　　　**看看** kàn kan　　좀 보다

④ 동의(同意)나 이의(异意)로 병렬된 단어

朋友 péng you　　친구　　　　　　　**卖买** mǎi mai　　장사

⑤ 방향보어

回来 huí lai　　돌아오다　　　　　　**出去** chū qu　　나가다

⑥ 명사 뒤의 일부 명사

家里 jiā li　　집 (안)　　　　　　　**东边** dōng bian　　동쪽

⑦ '一', '不' 가 중간에 삽입되는 경우

尝一尝 cháng yi cháng　맛 보다　　　**好不好?** hǎo bu hǎo?　어때요?

연습문제

3 MP3를 듣고 다음 단어 위에 성조를 표시해 보세요.

① Zhong guo　　kao shi　　yi zi　　　dong bian

② kan kan　　chang yi chang　　you ju　　feng cai

5 성조의 변화, 변조(变调)

중국어는 말할 때 본래의 성조가 바뀌거나 생략되는 경우가 종종 있습니다. 이것을 성조의 변화, 변조(变调) 라고 합니다. 변조에는 다음과 같이 크게 5가지로 나눌 수 있습니다.

⑴ 제3성의 변조 : 3성이 연이어 나올 때 앞의 3성을 2성으로 읽습니다.

- 3성 + 3성
  手表 shǒu biǎo 손목시계

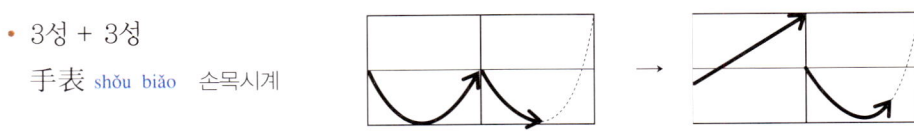

이때 '手 shǒu'를 '手 shóu'에 가깝게 발음하면 됩니다. 물론 '手'는 본래 3성이므로, 이 경우는 뒤에 3성인 다른 단어가 올 때의 한해서입니다.

제3성 + (제1성 +제2성 + 제4성 + 경성) → 반(半)3성 + (제1성 +제2성 + 제4성 + 경성)

제3성의 음절 뒤에 나머지 1성, 2성, 4성이 올 때는, 제3성은 낮고 평탄한 부분만 발음해 주게 됩니다. 끝을 약간 올리는 상승 부분은 실제로는 발음되지 않는 반(半)3성이 되는 거지요.

① 3성 + 1성
  普通 pǔ tōng 일반적이다

② 3성 + 2성
  暖瓶 nuǎn píng 보온병

③ 3성 + 4성
  美丽 měi lì 아름답다

④ 3성 + 경성
  暖和 nuǎn huo 따뜻하다

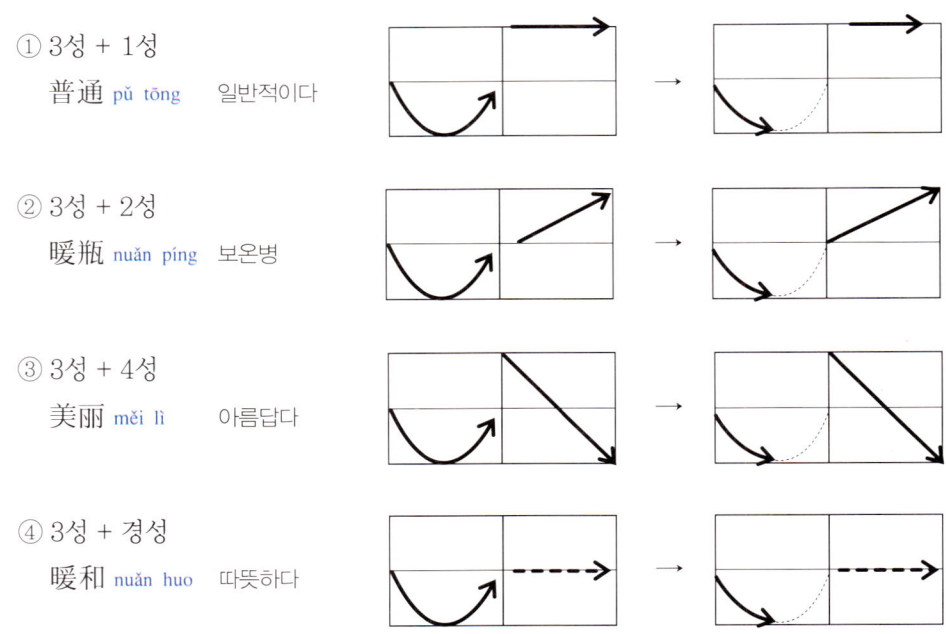

(2) **제4성의 변조** : 4성이 연이어 나올 때 앞의 4성을 반(半)4성으로 읽습니다.

再见! Zài jiàn! 안녕

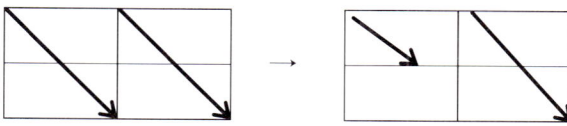

(3) **'不** bù **'의 변조** : 원래 4성이 연이어 나올 경우, 앞 음절은 반(半)4성으로 바뀐다고 했지만 '不'는 예외입니다. '不' 뒤에 4성이 연이어 올 때, '不'는 2성으로 변합니다. 물론 나머지 1성, 2성, 3성에는 변하지 않습니다.

① '不' + 1성   不吃。 bù chī.   안 먹는다.
② '不' + 2성   不行。 bù xíng.   안 된다.
③ '不' + 3성   不好。 bù hǎo.   안 좋다.
④ '不' + 4성   不见。 bú jiàn.   안 본다.

(4) **'一** yī **'의 변조** : '一' 뒤에 따라오는 음절이 4성일 경우에는 2성으로, 나머지 1성, 2성, 3성 앞에서는 4성으로 발음해야 합니다. 다만, '一'가 숫자를 셀 때처럼 단독으로 읽힌다거나 혹은 단어나 문장 끝에 놓일 경우에는 원래의 발음인 1성으로 읽습니다.

① '一' + 1성   一天   yì tiān   하루
② '一' + 2성   一回   yì huí   1회
③ '一' + 3성   一起   yì qǐ   함께
④ '一' + 4성   一共   yí gòng   모두

(5) **'儿** ér **' 화운(化韵)**

'儿'은 권설운모로서, 영어의 [r]음과 비슷하고 우리말의 [얼]음과 비슷하다고 볼 수 있습니다. 우리말의 아이 아(兒)자와 같습니다. 이때는 항상 단독으로 단어가 옵니다.

儿子 ér zi   아들   女儿 nǚ ér   딸
二   èr   둘   耳朵 ér duo 귀

하지만, 여기서 말하고자 하는 '儿'은 단독으로 음절을 이루지 않고 항상 다른 음절의 뒤에 붙어 그 음절의 일부로 발음이 동화되는 경우가 있습니다. 이것을 '儿' 화운(化韵)이라고 합니

다. 어떤 음절이 '儿化' 하게 되면 그 음절에 'r' 만 덧붙여 읽으면 됩니다. 그 단어의 고유한 뜻에는 변화가 없습니다.

'儿' 발음의 변화에는 다음과 같은 원칙이 있습니다.

① 'a, o, e, u' 로 끝날 경우, 그대로 두고 'r'을 그대로 덧붙여서 발음합니다.

花 huā → 花儿 huār 꽃 　　好 hǎo → 好儿 hǎor 좋다

歌 gē → 歌儿 gēr 노래 　　球 qiú → 球儿 qiúr 공

② 'i, n, ng' 로 끝날 경우, 운미를 제거한 후 'r'을 덧붙여 발음합니다.

味 wèi → 味儿 wèr 냄새, 맛

小孩 xiǎo hái → 小孩儿 xiǎo hár 어린이

眼镜 yǎn jìng → 眼镜儿 yǎn jìr 안경

③ 운미가 없고 주요 모음이 'i, ü' 일 경우, 'er' 을 덧붙여 발음합니다.

鸡 jī → 鸡儿 jīer 닭

④ 'zhi, chi, shi, ri, zi, ci, si' 다음에 오는 'i' 는 'er' 로 바꾸어 발음합니다.

事 shì → 事儿 shèr 일, 사정

鸡子 jī zǐ → 鸡子儿 jī zěr 계란

01

你好!
안녕!

안녕!
안녕!

니 하오
你好!
Nǐ hǎo!

워 헌 하오
我很好。
Wǒ hěn hǎo.

타 예 헌 하오
她也很好。
Tā yě hěn hǎo.

워 먼 또우 헌 하오
我们都很好。
Wǒ men dōu hěn hǎo.

새단어

- 你　nǐ　[대] 너, 당신
- 好　hǎo　[형] 좋다
- 我　wǒ　[대] 나, 저
- 很　hěn　[부] 매우, 아주
- 她　tā　[대] 그녀
- 也　yě　[부] ~도, 역시
- 我们　wǒ men　[대] 우리(들)
- 都　dōu　[부] 모두, 전부

해석

안녕하세요!

나는 잘 있습니다.

그녀도 잘 있습니다.

우리는 모두 잘 있습니다.

A 你 好!
니 하오
Nǐ hǎo!

▶ 안녕!

B 您 好!
닌 하오
Nín hǎo!

▶ 안녕하세요!

A 你 的 父 母 也 好 吗?
니 더 푸 무 예 하오 마
Nǐ de fù mǔ yě hǎo ma?

▶ 양친들도 안녕하시고?

B 他 们 也 很 好。
타 먼 예 헌 하오
Tā men yě hěn hǎo.

▶ 네, 그분들도 잘 계세요.

A 你 的 女 朋 友 也 好 吗?
니 더 뉘 펑 여우 예 하오 마
Nǐ de nǚ péng you yě hǎo ma?

▶ 여자친구도 잘 지내?

B 她 和 我 都 很 好。
타 허 워 또우 헌 하오
Tā hé wǒ dōu hěn hǎo.

▶ 그녀와 저는 잘 있어요.

새단어

- **您** nín 때 당신('你'의 높임말)
- **父母** fù mǔ 명 부모, 양친
- **他们** tā men 때 그들
- **女朋友** nǚ péng you 명 여자친구
- **的** de 조 ~의(한정어 뒤에 붙는 조사)
- **吗** ma 조 ~입니까?
- **朋友** péng you 명 친구

안부 묻기

A
니 하오
你 好!
Nǐ hǎo!
▶ 안녕!

B
니 하오
你 好!
Nǐ hǎo!
▶ 안녕!

A
니 션 티 하오 마
你 身 体 好 吗?
Nǐ shēn tǐ hǎo mɑ?
▶ 건강하게 지냈어?

B
워 션 티 헌 하오 니 너
我 身 体 很 好。 你 呢?
Wǒ shēn tǐ hěn hǎo. Nǐ ne?
▶ 좋아, 잘 지냈지. 너는?

A
워 예 헌 하오 니 더 아이 런 예 하오 마
我 也 很 好。 你 的 爱 人 也 好 吗?
Wǒ yě hěn hǎo. Nǐ de ài ren yě hǎo mɑ?
▶ 나도. 네 남편도 안녕하시지?

B
타 예 헌 하오 씨에 씨에
他 也 很 好。 谢 谢!
Tā yě hěn hǎo. Xiè xiè!
▶ 응, 그도 잘 있어. 고마워!

A
부 커 치 짜이 지엔
不 客 气。 再 见!
Bú kè qi. Zài jiàn!
▶ 천만에. 잘 가!

B
짜이 지엔
再 见!
Zài jiàn!
▶ 잘 가!

 새단어

- **身体** shēn tǐ 〔명〕 신체, 건강
- **爱人** ài ren 〔명〕 남편이나 부인
- **不客气** bú kè qi 〔상〕 사양하지 마세요
- **呢** ne 〔조〕 ~은요?, ~하는 중이다
- **谢谢** xiè xiè 〔상〕 고맙습니다
- **再见** zèi jiàn 〔상〕 안녕히 가세요

그림으로 배워요!

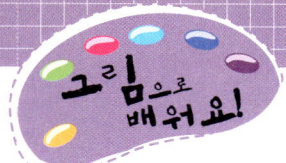

우리 몸의 구조

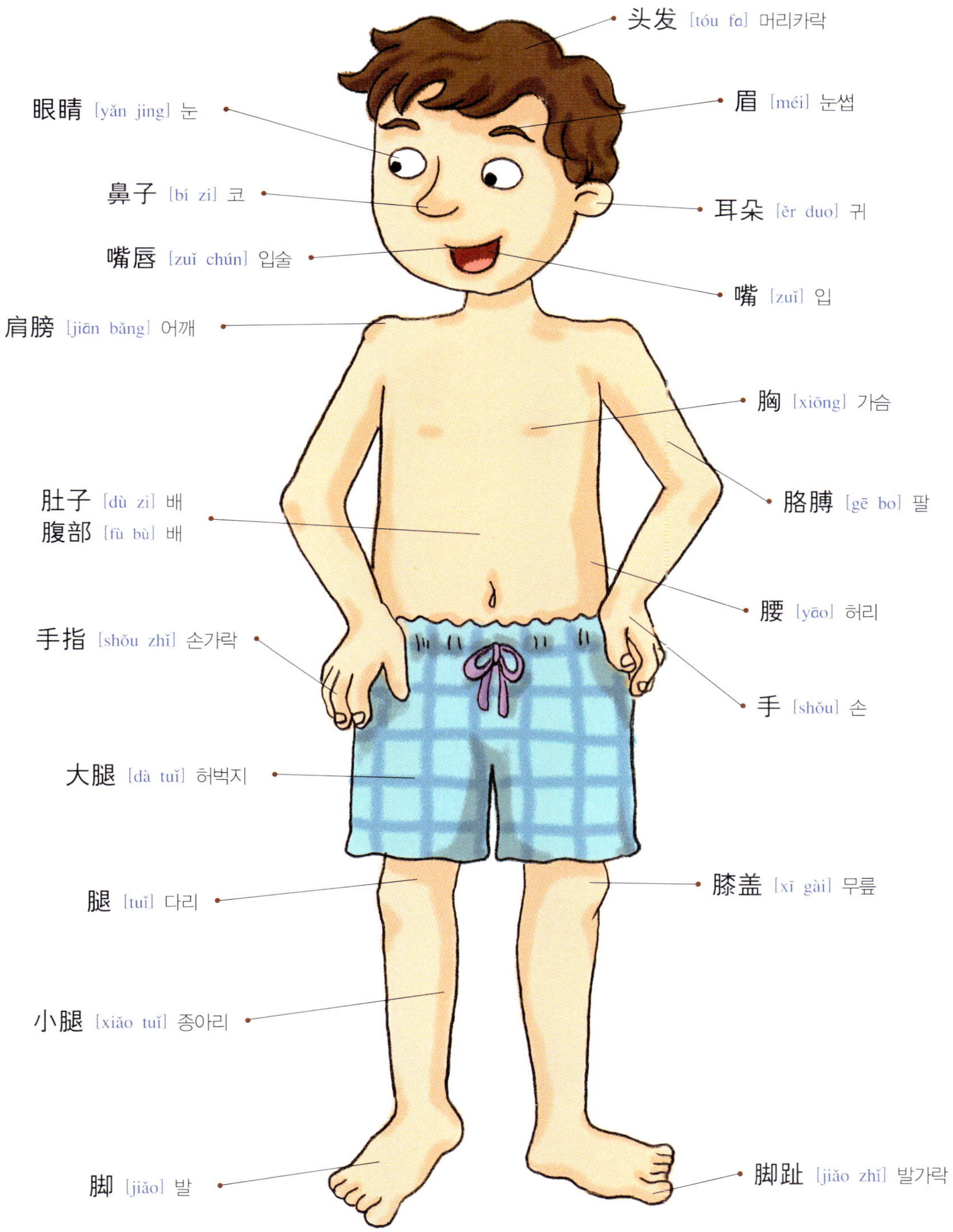
头发 [tóu fa] 머리카락
眼睛 [yǎn jing] 눈
眉 [méi] 눈썹
鼻子 [bí zi] 코
耳朵 [ěr duo] 귀
嘴唇 [zuǐ chún] 입술
嘴 [zuǐ] 입
肩膀 [jiān bǎng] 어깨
胸 [xiōng] 가슴
胳膊 [gē bo] 팔
肚子 [dù zi] 배
腹部 [fù bù] 배
腰 [yāo] 허리
手指 [shǒu zhǐ] 손가락
手 [shǒu] 손
大腿 [dà tuǐ] 허벅지
膝盖 [xī gài] 무릎
腿 [tuǐ] 다리
小腿 [xiǎo tuǐ] 종아리
脚 [jiǎo] 발
脚趾 [jiǎo zhǐ] 발가락

문법 다지기

1

인칭 대명사

인 칭	단 수	복 수
1인칭	我 wǒ	我们 wǒ men
2인칭	你 nǐ, 您 nín(경어)	你们 nǐ men
3인칭	他 tā, 她 tā	他们 tā men, 她们 tā men

2

접속사 "和 hé" : ~와(과), 그리고

중국어 문법에서는 "和 hé"를 연사(连词)라 합니다. 문장 안에서 주로 명사를 연결할 때 "和 hé"를 그 중간에 놓습니다. "和 hé" 없이 반점(、)으로 명사들을 연결할 수도 있습니다.

我 和 她 都 好。   나와 그녀 모두 잘 있습니다.
Wǒ hé tā dōu hǎo.

我们 和 他们 都 好。   우리와 그들 모두 잘 있습니다.
Wǒ men hé tā men dōu hǎo.

我、爱人、父母 都 好。   나, 남편(부인), 부모님 모두 잘 있습니다.
Wǒ, ài rén, fù mǔ dōu hǎo.

3

복수를 나타낼 때 "们 men" : ~들

"们 men"은 명사나 대명사 뒤에 쓰여 복수를 나타냅니다. 예를 들어 '나'라는 뜻의 대명사 "我 wǒ"를 '우리'라는 뜻의 복수 명사로 고치려면, "我们 wǒ men"이라 하면 됩니다. 그러나 수사가 쓰일 경우에는 "们 men"을 쓰지 않습니다.

三个人们 (×)   →   三个人 (O)
sān ge rén men   sān ge rén

4

의문 조사 "吗 ma" : ~입니까?

"吗 ma"는 의문 조사로서 주로 단어나 문장 끝에 붙여서 으문의 뜻을 나타냅니다.

你好吗?
Nǐ hǎo ma?

잘 지냈어요?

你吗?
Nǐ ma?

당신이에요?

你爱我吗?
Nǐ ài wǒ ma?

나 사랑해요?

5

부사 "也 yě" : ~도, 또한

"也 yě"는 부사로서 동사나 형용사, 다른 부사 앞에서 '~도, 역시, 조차' 등의 뜻으로 쓰입니다.

我也很好。
Wǒ yě hěn hǎo.

저도 좋아요.

TIP 3성이 연이어 3번 이상 나올 땐 2성 + 2성 + 3성 순으로 발음합니다.

6

부사 "很 hěn" : 아주, 매우

"很 hěn" 역시 부사로서 주로 형용사 앞에서 '아주, 매우, 대단히' 등의 뜻으로 쓰이며, 그 형용사의 정도를 강조합니다.

我很好。
Wǒ hěn hǎo.

저는 아주 좋아요.

很多。
Hěn duō.

아주 많아요.

연습문제

1 발음과 성조에 주의하면서 따라 읽어 보세요.

(1) Wǒ hé tā dōu hěn hǎo.

(2) Tā men dōu hǎo mɑ?

(3) Wǒ yě hěn hǎo.

(4) Nǐ ài wǒ mɑ?

(5) Bú kè qi.

2 다음과 같이 알맞은 발음에 선을 그어 보세요.

(1) 你 •   • ài   (6) 您 •   • wǒ

(2) 好 •   • hǎo   (7) 也 •   • yě

(3) 爱 •   • nǐ   (8) 我 •   • men

(4) 和 •   • dōu   (9) 们 •   • mɑ

(5) 都 •   • hé   (10) 吗 •   • nín

3 다음 중국어의 적당한 자리를 찾아 넣어 보세요.

(1) 和   我 a 她 b 都 c 好 d 。

(2) 也   你 a 的 b 爱 c 人 d 好 e 吗 f ?

(3) 都   我 a 们 b 很 c 好 d 。

(4) 吗   你 a 爱 b 我 c ?

4 다음을 어순에 맞게 정렬해 보세요.

(1) 很 都 你 他 们 们 好 和

　➤ _____ 。

(2) 和 她 我 很 都 好

　➤ _____ 。

(3) 父 的 你 母 吗 好 也

　➤ _____ ?

(4) 吗 体 身 好 你

　➤ _____ ?

5 녹음을 듣고 일치하는 그림을 맞혀 보세요.

(1)

(2)

(3)

(4)

중국의 오페라, 경극

경극은 대략 1830년대 청나라 도광(道光) 황제 때에 여러 가지 지방극이 북경에서 융합되어 발전한 것으로 150여 년의 역사를 가지고 있습니다. 1790년 청나라 건륭(乾隆) 황제의 80세 생일 때, 조정에서는 전국 각지의 유명한 희곡 단체들을 북경에 불러 경축 공연을 하게 하였습니다. 이 공연에서 안휘성(安徽省)의 4대 극단인 삼경(三庆), 사희(四喜), 화춘(和春), 춘대(春台)의 연기가 특히 세련되어 북경의 관중들로부터 절찬을 받았고, 이들은 공연이 끝난 후에도 계속 북경에 남아서 공연하게 된 것입니다.

경극의 배우는 생(生), 단(旦), 정(净), 축(丑)의 네 종류가 있으며, 이것을 4대 행당(四大行当)이라고 합니다. 남자 역에는 생, 여자 역에는 단으로 합니다. 성격이 익살스럽고 언어가 해학적인 배역의 얼굴에는 흰색 도안을 그려 넣는데, 이것이 축입니다. 성격이 사납고 간악한 인물은 얼굴에 채색 도안(脸谱검보)을 그려 넣는데 이를 정 혹은 화검(花脸)이라 합니다. 이 밖에도 더 세밀한 분류가 있지만 어려우니 생략하도록 하겠습니다. 각 배역에는 그 연기의 방법과 운율이 달리 있는데, 잘 연상되지 않는다면 경극이 나오는 대표적인 영화, 『패황별희』를 떠올리면 될 것 같습니다.

경극은 허구적 방법으로 시간과 공간의 문제를 교묘하게 처리합니다. 무대 위에서는 대여섯 걸음만으로 천하 어디나 갈 수 있고, 7~8명이 백만 병사를 대신하기도 합니다. 배우의 몸짓, 걸음걸이로 문을 나가고 들어오며, 위층으로 올라가고 내려오며, 심지어는 산에 올라가고 물에 들어가는 것까지도 나타낼 수 있습니다. 채찍 하나로 말에 탄 것을 흉내 내며, 삿대 하나로 배 젓는 것을 나타냅니다. 모두 관중의 상상과 연상을 통하여 자연 환경과 생활의 세부적인 세트가 보충되는 셈입니다.

경극은 중국의 전통적인 음악, 노래, 낭독, 춤, 서커스, 무술 등을 융합시킨 것으로서 서양의 노래, 춤, 연극이 각각 분리되어 있는 것과는 완전히 다릅니다. 경극은 중국 고유의 전통적인 종합 무대 예술이라고 할 수 있습니다.

02

你有几本书?

너한테 책 몇 권 있니?

ㄴㅣ ㅈㅣ ㅅㅜㅇㅣ
你几岁?
Nǐ jǐ suì?

ㄸㅜㅇㅗ ㅅㅑㅇㅗ ㅊㅣㅇㅔㄴ
多少钱?
Duò shao qián?

ㄴㅣ ㅈㅣㅇㅏ ㅇㅕㅇㅜ ㅈㅣ ㅋㅓㅇㅜ ㄹㅓㄴ
你家有几口人?
Nǐ jiā yǒu jǐ kǒu rén?

ㅇㅝ ㅇㅕㅇㅜ ㅇㅣ ㄱㅓ ㄴㅏㄴ ㅍㅓㅇ ㅇㅕㅇㅜ
我有一个男朋友。
Wǒ yǒu yí ge nán péng you.

새단어

- 岁　suì　양　살, 세
- 钱　qián　명　돈
- 家　jiā　명　가정, 집
- 有　yǒu　동　있다
- 口　kǒu　양　식구(사람을 세는 말)
- 个　gè　양　개(습관적으로 제일 많이 쓰는 양사)
- 几　jǐ　대　몇(보통 10 이하의 수를 물을 때 씀)
- 多少　duō shao　대　몇, 얼마(보통 10 이상의 수를 물을 때 씀)

해석

몇 살이에요?

(이것) 얼마예요?

식구가 몇 명이에요?

나에겐 남자친구가 한 명 있어요.

34

A 你 有 几 本 书?
니 여우 지 번 슈
Nǐ yǒu jǐ běn shū?

▶ 너에게 책이 몇 권 있니?

B 我 有 两 本 书。
워 여우 량 번 슈
Wǒ yǒu liǎng běn shū.

▶ 책이 두 권 있어.

A 你 有 词 典 吗?
니 여우 츠 디엔 마
Nǐ yǒu cí diǎn ma?

▶ 너에게 사전은 있니?

B 我 没 有 词 典。
워 메이 여우 츠 디엔
Wǒ méi yǒu cí diǎn.

▶ 사전은 없어.

A 我 要 借 词 典。 你 们 班 有 多 少 学 生?
워 야오 지에 츠 디엔 니 먼 빤 여우 뚜오 샤오 쉐에 셩
Wǒ yào jiè cí diǎn. Nǐ men bān yǒu duō shao xué sheng?

▶ 사전 빌려야 하는데.
너희 반에는 학생이 몇 명이니?

B 四 十 五 个 学 生。
쓰 스 우 거 쉐에 셩
Sì shí wǔ ge xué sheng.

▶ 45명.

✎ **새단어**

• **本** běn 양 권(책 등을 세는 말)
• **两** liǎng 수 둘
• **没有** méi yǒu 동 없다
• **借** jiè 동 빌리다

• **书** shū 명 책
• **词典** cí diǎn 명 사전
• **要** yào 조동 ~하려고 하다, ~해야 한다
• **班** bān 명 반, 조

가족 소개하기

니 지아 여우 지 커우 런
A 你 家 有 几 口 人 ?
Nǐ jiā yǒu jǐ kǒu rén?

▶ 식구가 몇 명이야?

우 커우 런　여우 푸 친　무 친　꺼 거
B 五 口 人。 有 父 亲、 母 亲、 哥 哥、
Wǔ kǒu rén.　Yǒu fù qīn,　mǔ qīn,　gē ge,

지에 지에 허 워
姐 姐 和 我。
jiě jie hé wǒ.

▶ 다섯. 아버지, 어머니, 오빠, 언니,
그리고 나 이렇게 있어.

니 푸 친 쭈오 선 머 꽁 쭈어
A 你 父 亲 做 什 么 工 作 ?
Nǐ fù qīn zuò shén me gōng zuò?

▶ 아버지는 무슨 일 하셔?

타 스 따이 푸
B 他 是 大 夫。
Tā shì dài fu.

▶ 의사야.

니 여우 메이 여우 난 펑 여우
A 你 有 没 有 男 朋 友 ?
Nǐ yǒu méi yǒu nán péng you?

▶ 너 남자친구는 있니?

워 여우 이 거 난 펑 여우　웨이 션 머
B 我 有 一 个 男 朋 友。 为 什 么 ?
Wǒ yǒu yí ge nán péng you.　Wèi shén me?

▶ 응, 있어. 왜?

 새단어

- 父亲 fù qīn 　명 부친, 아버지
- 哥哥 gē ge 　명 형, 오빠
- 做 　zuò 　동 하다, 일하다
- 工作 gōng zuò 명 직업
- 为什么 wèi shén me 대 왜

- 母亲 mǔ qīn 　명 모친, 어머니
- 姐姐 jiě jie 　명 누나, 언니
- 什么 shén me 대 무엇
- 大夫 dài fu 　명 의사

우리 가족

爷爷 [yé ye]
할아버지

奶奶 [nǎi nai]
할머니

外公 [wài gōng]
외할아버지

姥姥 [lǎo lao]
외할머니

爸爸 [bà ba]
아버지

妈妈 [mā ma]
어머니

弟弟 [dì di]
남동생

哥哥 [gē ge]
형님(오빠)

我 [wǒ]
나

姐姐 [jiě jie]
누나

妹妹 [mèi mei]
여동생

문법 다지기

1

"有 yǒu"와 "没有 méi yǒu"

무엇인가를 '갖고 있다', '~이 있다'라고 할 때는 "有 yǒu"라는 동사를 씁니다. 이 동사는 특수해서 부정할 때, 부정형 "不 bù"가 아니라 "没 méi"를 앞에 붙여 부정형으로 만들어 씁니다.

我 有 词典。   나는 사전이 있다.
Wǒ yǒu cí diǎn.

我 不 有 词典。(×)

→ 我 没 有 词典。(○)   나에겐 사전이 없다.
Wǒ méi yǒu cí diǎn.

2

"几 jǐ"와 "多少 duō shao"

① 공통점 : 수를 물을 때 사용합니다.

② 차이점 : 几 jǐ는 10 이내의 적은 수를 물을 때 쓰고, 반드시 양사와 붙여 씁니다. 반면, 多少 duō shao는 수의 다소에 상관없이 쓰입니다. 그리고 명사와 직접 붙여 쓸 수 있습니다.

你 有 几 本 书？   책이 몇 권 있습니까?
Nǐ yóu jǐ běn shū?

有 多少 学生？   학생이 얼마나 있습니까?
Yǒu duō shao xué sheng?

3

"二 èr"과 "两 liǎng"

2개, 2권, 2장, 두 사람 등 수량을 나타낼 때는 보통 "二 èr"을 쓰지 않고 "两 liǎng"을 씁니다. 단 순서를 나타낼 때는 "两 liǎng"을 쓰지 않고 "二 èr"을 씁니다.

两 个 人   두 명의 사람   两 本 书   두 권의 책
liǎng ge rén   liǎng běn shū

가족에 대해 묻기

(1) 가족 수를 물을 때 '几'와 '口'

你家有几口人？　　　　　식구가 몇 명이에요?
Nǐ jiā yǒu jǐ kǒu rén?

→ 我家有五口人。　　　　우리 집은 5식구입니다.
Wǒ jiā yǒu wǔ kǒu rén.

(2) 가족 구성원을 물을 때 '什么'

你家有什么人？　　가족 분들이 어떻게 되세요?
Nǐ jiā yǒu shén me rén?

→ 我家有奶奶、爸爸、妈妈、弟弟、和我。
Wǒ jiā yǒu nǎi nai, bà ba, mā ma, dì di, hé wǒ.
우리 집엔 할머니, 아버지, 어머니, 남동생, 그리고 나 이렇게 있습니다.

성(姓)과 이름 묻기

초면이거나 윗사람의 성씨나 이름을 물을 때는 '您贵姓?'으로 하면 되고, 동년배나 아랫사람에게는 '你叫什么名字?'로 물으면 됩니다. 그러나 다른 사람의 성을 물을 때 '他(她)贵姓?'이라고는 물을 수 없습니다.

您贵姓？　　　　　성씨가 어떻게 되십니까?
Nín guì xìng?

→ 我姓金。　　　　김씨입니다.
Wǒ xìng Jīn.

你叫什么名字？　　이름이 뭐예요?
Nǐ jiào shén me míng zi?

→ 我叫宋源。　　　송원이라고 합니다.
Wǒ jiào sòng yuán.

他姓什么？　　　　저 사람은 성씨가 뭐죠?
Tā xìng shén me?

→ 他姓李。　　　　그는 이씨입니다.
Tā xìng Lǐ.

연습문제

1 발음과 성조에 주의하면서 따라 읽어 보세요.

(1) Nǐ fù qīn zuò shén me gōng zuò?

(2) Nǐ jiā yǒu jǐ kǒu rén?

(3) Yǒu duō shɑo xué sheng?

(4) Wǒ yǒu yí ge nǎn péng you.

(5) Nǐ yǒu cí diǎn mɑ?

2 다음과 같이 알맞은 발음에 선을 그어 보세요.

(1) 词典 •   • méi yǒu   (6) 什么 •   • dì di

(2) 父亲 •   • fù qīn   (7) 爷爷 •   • shén me

(3) 哥哥 •   • duō shɑo   (8) 工作 •   • mǔ qīn

(4) 多少 •   • gē ge   (9) 母亲 •   • gōng zuò

(5) 没有 •   • cí diǎn   (10) 弟弟 •   • yé ye

3 다음 단어의 적당한 자리를 찾아 넣어 보세요.

(1) 有   a 你 b 们 c 班 d 多 e 少 f 学 g 生 h ?

(2) 没   a 你 b 有 c 有 d 男 e 朋 f 友 g ?

(3) 个   a 我 b 有 c 一 d 男 e 朋 f 友 g 。

(4) 做   a 你 b 父 c 亲 d 什 e 么 f 工 g 作 h ?

(5) 口   a 你 b 家 c 有 d 几 e 人 f ?

4 다음을 어순에 맞게 정렬해 보세요.

(1) 家 你 有 人 么 什

➡ ________________________________?

(2) 有 男 有 没 朋 你 友

➡ ________________________________?

(3) 有 你 几 书 本

➡ ________________________________?

(4) 我 本 两 书 有

➡ ________________________________。

5 녹음을 듣고 그림에 맞게 빈칸을 채워 보세요.

(1)

A 你家有几口人?

B 我家有__________。

(2)

A 你家有什么人?

B 我家有_____，_______。

양사(量词 liàng cí)

중국어의 양사에는 사람이나 사물 등에 널리 쓰이는 "个" 외에도 물건의 가장 특징적인 부분을 잡아 분류해서 수사 뒤에 붙여 쓰는 것이 많습니다. 발음하면서 주의해야 할 것은 '一'는 단독 혹은 단어나 문장 끝에 놓일 경우만 1성으로 발음하고, 4성 앞에서는 2성으로, 나머지 1성·2성·3성 앞에서는 4성으로 발음해야 합니다.

张 zhāng 평평한 부분을 지닌 것

一张纸 yì zhāng zhǐ　　　종이 한 장
一张桌子 yì zhāng zhuō zi　탁자 하나

条 tiáo 가늘고 긴 것

一条路 yì tiáo lù　　　한 갈래 길
一条河 yì tiáo hé　　　한 줄기 강
一条鱼 yì tiáo yú　　　고기 한 마리

支 zhī 가는 막대기 모양인 것

一支铅笔 yì zhī qiān bǐ　연필 한 자루
一支烟 yì zhī yān　　　담배 한 개비

把 bǎ 손으로 잡는 부분을 지닌 것, 혹은 한 줌

一把刀子 yì bǎ dāo zi　칼 한 자루
一把伞 yì bǎ sǎn　　　우산 하나

座 zuò 묵직한 것

一座山 yí zuò shān　　산 하나
一座屡 yí zuò lóu　　　빌딩 한 채

架 jià 기계나 틀로 구성된 것

一架飞机 yí jià fēi jī　비행기 한 대

辆 liàng 차량

一辆汽车 yí liàng qì chē　자동차 한 대
一辆自行车 yí liàng zì xíng chē 자전거 한 대

件 jiàn 사항, 의복 등

一件事 yí jiàn shì　　　한 건의 일
一件衣服 yí jiàn yī fu　옷 한 벌

只 zhī 동물, 배, 쌍으로 된 것의 한쪽

一只狗 yì zhī gǒu　　　개 한 마리
一只鸟 yì zhī niǎo　　　새 한 마리
一只眼睛 yì zhī yǎn jing　눈 한쪽

棵 kē 그루터기나 줄기

一棵树 yì kē shū　　　나무 한 그루
一棵白菜 yì kē bái cài　배추 한 포기

块 kuài 덩어리로 된 것

一块石头 yí kuài shí tou　돌 한 개
一块土 yí kuài tǔ　　　흙 한 덩어리

片 piàn 단편으로 된 것, 얇은 조각

一片肉 yí piàn ròu　　　고기 한 조각
一片药 yí piàn yào　　　약 한 알

封 fēng 편지, 봉한 물건 등

一封信 yì fēng xìn　　　편지 한 통

双 shuāng 두 개가 한 쌍인 것

一双鞋 yì shuāng xié　　신 한 켤레
一双筷子 yì shuāng kuài zi　젓가락 한 벌

03

这是什么?
이게 뭐지?

쩌 스 슈 마
这是书吗?
Zhè shì shū ma?

나 부 스 빠오 즈
那不是报纸。
Nà bú shì bào zhǐ.

워 부 스 중 구어 런
我不是中国人。
Wǒ bú shì Zhōng guó rén.

타 스 라오 스 마
他是老师吗?
Tā shì lǎo shī ma?

새단어
- 这　zhè　[대] 이것
- 那　nà　[대] 그것, 저것
- 报纸　bào zhǐ　[명] 신문
- 哪　nǎ　[대] 어느 것
- 是　shì　[동] ~입니다
- 不　bù　[부] ~이 아닙니다
- 国人　guó rén　[명] 그 나라 사람, 국민
- 老师　lǎo shī　[명] 교사, 선생님
- 中国　zhōng guó　[명] 중국

해석
이것은 책입니까?

그것은 신문이 아닙니다.

나는 중국인이 아닙니다.

그는 선생님입니까?

A
찌 스 니 더 슈 바
这 是 你 的 书 吧?
Zhè shì nǐ de shū ba?

▶ 이것은 당신의 책이지요?

B
쩌 부 스 워 더 수, 나 스 워 더 슈
这 不 是 我 的 书, 那 是 我 的 书。
Zhè bú shì wǒ de shū, nà shì wǒ de shū.

▶ 이것은 저의 책이 아닙니다. 저것이 나의 책입니다.

A
스 마 나 머 나 거 스 부 스 니 더 짜 즈
是 吗? 那 么, 那 个 是 不 是 你 的 杂 志?
Shì ma? Nà me, nà ge shì bú shì nǐ de zá zhì?

▶ 그래요? 그럼, 저건 당신의 잡지 맞죠?

B
나 부 스 빠오 즈 스 커 번
那 不 是 杂 志, 是 课 本。
Nà bú shì zá zhì, shì kè běn.

▶ 저것은 잡지가 아니라, 교과서입니다.

A
아 타 스 라오 스 마
啊, 他 是 老 师 吗?
Ā, tā shì lǎo shī ma?

▶ 아참, 그는 선생님입니까?

B
뚜이 타 스 라오 스
对, 他 是 老 师。
Duì, tā shì lǎo shī.

▶ 맞아요, 그는 선생님입니다.

A
닌 너
您 呢?
Nín ne?

▶ 당신은요?

B
워 예 스 라오 스
我 也 是 老 师。
Wǒ yě shì lǎo shī.

▶ 저도 선생님입니다.

새단어

• 吧   ba   조 ~이겠지요?(문미에 쓰여 추측을 나타냄)
• 杂志 zá zhì   명 잡지
• 对   duì   형 옳다, 맞다
• 那么 nà me   접 그러면   대 그만큼
• 啊   ā   갑 아(가벼운 긍정 또는 응답을 나타냄)

누구십니까?

A 닌 스 나 구어 런
您 是 哪 国 人？
Nín shì nǎ guó rén?

▶ 당신은 어느 나라 사람입니까?

B 워 스 중 구어 런
我 是 中 国 人。
Wǒ shì Zhōng guó rén.

▶ 나는 중국인입니다.

A 타 예 스 중 구어 런 마
她 也 是 中 国 人 吗？
Tā yě shì Zhōng guó rén ma?

▶ 그녀도 중국인입니까?

B 스 타 예 스 중 구어 런
是，她 也 是 中 国 人。
Shì, tā yě shì Zhōng guó rén.

▶ 네, 그녀 역시 중국인입니다.

A 니 먼 스 까오 중 통 쉐에 마
你 们 是 高 中 同 学 吗？
Nǐ men shì gāo zhōng tóng xué ma?

▶ 그럼 고등학교 동창인가요?

B 부 스 워 먼 스 추 중 통 쉐에
不 是，我 们 是 初 中 同 学。
Bú shì, wǒ men shì chū zhōng tóng xué.

▶ 아뇨, 중학교 동창이에요.

A 스 마 니 먼 또우 스 한 위 라오 스 마
是 吗？你 们 都 是 汉 语 老 师 吗？
Shì ma? Nǐ men dōu shì Hàn yǔ lǎo shī ma?

▶ 그래요? 모두 중국어 선생님이신가요?

B 부 워 먼 부 또우 스 한 위 라오 스
不，我 们 不 都 是 汉 语 老 师。
Bù, wǒ men bù dōu shì Hàn yǔ lǎo shī.

▶ 아뇨, 모두 중국어 선생님인 것은 아
닙니다.

 새단어

- 高中 gāo zhōng 명 고등학교
- 初中 chū zhōng 명 중학교
- 同学 tóng xué 명 동창, 동급생
- 汉语 Hàn yǔ 명 중국어

각종 직업들

警察 [jǐng chá] 경찰

商人 [shāng rén] 상인

农民 [nóng mín] 농민

技术员 [jì shù yuán]
기술자

工人 [gōng rén] 노동자

司机 [sī jī] 운전수

军人 [jūn rén] 군인

公务员 [gōng wù yuán]
공무원

研究员 [yán jiū yuán]
연구원

教师 [jiào shī] 교사

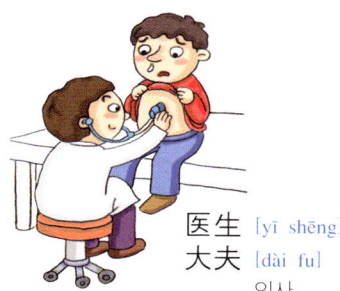

医生 [yī shēng]
大夫 [dài fu]
의사

军官 [jūn guān] 장교
售货员 [shòu huò yuán]
판매원
服务员 [fú wù yuán]
종업원
作家 [zuò jiā] 작가

문법 다지기

1

"是 shì"를 쓰는 문

"是 shì"를 쓰는 문장에는 긍정형, 부정형, 의문형 등이 있습니다.

(1) 긍정문 : ~입니다

〈주어 + (부사어) + 是 + (관형어) + 목적어〉

我是韩国人。
Wǒ shì Hán guó rén.

나는 한국인입니다.

她们也都是公司职员。
Tā men yě dōu shì gōng sī zhí yuán.

그녀들도 모두 회사원입니다.

他是大学生。
Tā shì dà xué shēng.

그는 대학생입니다.

(2) 부정문 : ~이 아닙니다

〈주어 + (부사어) + 不是 + 목적어〉

他们不是学生。
Tá men bú shì xué shēng.

그들은 학생이 아닙니다.

她们也都不是韩国人。
Tā men yě dōu bú shì Hán guó rén.

그녀들도 모두 한국인이 아닙니다. (전체 부정)

她们也不都是韩国人。
Tā men yě bù dōu shì Hán guó rén.

그녀들이 모두 한국인인 것은 아닙니다. (부분 부정)

(3) 의문문 : ~입니까?

〈주어 + (부사어) + (不) 是 + (관형어) + 목적어 + 吗?〉

他是学生吗?
Tā shì xué sheng ma?

그는 학생이에요?

你们都不是老师吗?
Nǐ men dōu bú shì lǎo shī ma?

모두 선생님 아니신가요?

你是不是法国人?
Nǐ shì bú shì Fǎ guó rén?

프랑스인이시죠?

2 관형어(定语 dìng yǔ)

주어나 목적어를 꾸며 주는 문장 성분을 관형어라고 합니다.

中国人　　　　　　　　　　　중국인
Zhōng guó rén

初中同学　　　　　　　　　　중학교 동창
chū zhōng tóng xué

她是我(的)妈妈。　　　　　　그녀는 저의 어머니입니다.
Tā shì wǒ (de) mā ma.

3 부사어(状语 zhuàng yǔ)

'술어' 를 수식하는 문장 성분을 부사어라 합니다. 부사, 개사구, 시간사, 방위사, 형용사, 조동사, 동사 등이 이 부사어가 될 수 있습니다.

我也是韩国人。(부사)　　　　　　나도 한국 사람입니다.
Wǒ yě shì Hán guó rén.

他在学校看书。(개사구)　　　　　그는 학교에서 책을 봅니다.
Tā zài xué xiào kàn shū.

今天她来这儿。(시간 명사)　　　오늘 그녀가 옵니다.
Jīn tiān tā lái zhèr.

他们会游泳。(조동사)　　　　　　그들은 수영을 할 줄 압니다.
Tā men huì yóu yǒng.

我弟弟认真学习汉语。(형용사)　　내 남동생은 정말 열심히 중국어 공부를 합니다.
Wǒ dì di rèn zhēn xué xi Hàn yú.

我努力学习。(동사)　　　　　　　나는 열심히 일합니다.
Wǒ nǔ lì xué xi.

연습문제

1 발음과 성조에 주의하면서 따라 읽어 보세요.

(1) Nín shì nǎ guó rén?

(2) Zhè bú shì wǒ de shū, nà shì wǒ de shū.

(3) Wǒ men bù dōu shì Hàn yǔ lǎo shī.

(4) Nǐ men shì gāo zhōng tóng xué ma?

(5) Tā men yě dōu shì gōng sī zhí yuán.

2 다음과 같이 알맞은 발음에 선을 그어 보세요.

(1) 学生 •   • zá zhì   (6) 初中 •   • zhí yuán

(2) 老师 •   • xué sheng   (7) 高中 •   • guó rén

(3) 杂志 •   • kè běn   (8) 职员 •   • gāo zhōng

(4) 课本 •   • bào zhǐ   (9) 国人 •   • chū zhōng

(5) 报纸 •   • lǎo shī   (10) 同学 •   • tóng xué

3 다음 단어의 적당한 자리를 찾아 넣어 보세요.

(1) 哪   a 您 b 是 c 国 d 人 e ?

(2) 不   a 那 b 个 c 是 d 是 e 你 f 的 g 杂 h 志 i ?

(3) 吧   a 这 b 是 c 你 d 的 e 书 f ?

(4) 是   a 他 b 们 c 不 d 学 e 生 f 。

(5) 都   a 她 b 们 c 也 d 是 e 公 f 司 g 职 h 员 i 。

50

4 다음을 어순에 맞게 정렬해 보세요.

(1) 汉 你 师 们 是 都 语 老 吗

➡ _____?

(2) 你 吗 都 是 不 老 师 们

➡ _____?

(3) 不 杂 是 志 本 课 是 那

➡ _____, _____。

(4) 你 高 是 中 学 同 吗 们

➡ _____?

5 녹음을 듣고 그림에 맞게 빈칸을 채워 보세요.

(1)

A 她是大学生吗?

B 不是, _____。

(2)

A 那本是杂志吗?

B 那_____, _____。

12지 동물

중국어로 띠는 어떻게 물을까요?

열두 띠 동물에 쥐[子]·소[丑]·범[寅]·토끼[卯]·용[辰]·뱀[巳]·말[午]·양 [未]·원숭이 [申]·닭[酉]·개[戌]·돼지[亥]가 있다는 것은 모두 들어 봐서 알겠지요. 원래 십이지라는 개념은 중국의 은대(殷代)에서 비롯되었다고 합니다. 그러나 이를 방위(方位)나 시간, 띠 등에 대응시킨 것은 그 이후의 일이고, 다시 12동물과 대응시킨 것은 훨씬 후대의 일로, 불교 사상의 영향을 받았다고 볼 수 있습니다.

그럼 12지의 유래를 간단히 알았으니, 다른 사람에게 한번 물어볼까요?

"你是属什么的？" 당신은 무슨 띠예요?
　Nǐ shì shǔ shén me de?

猪 [zhū] 돼지　　鼠[shǔ] 쥐

狗 [gǒu] 개　　牛 [Niú] 소

鸡 [jī] 닭　　虎 [hǔ] 호랑이

猴 [hóu] 원숭이　　兔 [tù] 토끼

羊 [yáng] 양　　龙 [lóng] 용

马 [mǎ] 말　　蛇 [shé] 뱀

04

你去哪儿?
어디 가?

워　상　쪼우　짜오　취
我 想 走 着 去。
Wǒ xiǎng zǒu zhe qù.

타　먼　진　티엔　션　머　스　호우　라이
他们今天什么时候来?
Tā men jīn tiān shén me shí hou lái?

따오　날
到哪儿?
Dào nǎr?

칭　원　디　티에　잔　쩐　머　쪼우
请问，地铁站怎么走?
Qǐng wèn, dì tiě zhàn zěn me zǒu?

새단어

- 想　xiǎng　[조동]　~하려고 하다, ~하고 싶다
- 走　zǒu　[동]　걷다, 가다(특정한 목적지가 아닐 때)
- 去　qù　[동]　가다
- 今天　jīn tiān　[명]　오늘
- 时候　shí hou　[명]　~(할) 때, 동안
- 来　lái　[동]　오다
- 到　dào　[대]　~에, ~로, ~까지 [동]　~에 이르다
- 哪儿　nǎr　[의]　어디, 어느 곳
- 地铁　dì tiě　[명]　지하철
- 站　zhàn　[명]　역
- 怎么　zěn me　[의]　어떻게, 어째서
- 请问　qǐng wèn　말 좀 물어 봅시다

해석

나는 걸어갈 생각이야.

그들은 오늘 언제 오니?

어디까지 가세요?

실례지만, 지하철역은 어떻게 갑니까?

DIALOGUE 1
길 찾아가기

A 씨엔 짜이 니 취 날
現 在 你 去 哪 儿?
Xiàn zài nǐ qù nǎr?

▶ 지금 어디 가?

B 워 여우 위에 후이　디 티에 잔 쩐 머 쪼우
我 有 约 会。 地 铁 站 怎 么 走?
Wǒ yǒu yuē hui.　Dì tiě zhàn zěn me zǒu?

▶ 약속이 있어서. 지하철역엔 어떻게 가?

A 총 쩔 이 즈 쪼우 우 펀 종 지우 여우
从 这 儿 一 直 走 五 分 钟 就 有。
Cóng zhèr yì zhí zǒu wǔ fēn zhōng jiù yǒu.

▶ 여기서 5분쯤 쭉 걸어가면 있어.

B 씨에 씨에　이　후얼　지엔
谢 谢。 一 会 儿 见!
Xiè xiè.　Yí huìr jiàn!

▶ 고마워. 이따 보자!

A 덩 덩　나 니 션 머 스 호우 넝 후이 라이
等 等, 那 你 什 么 时 候 能 回 来?
Děng deng, nà nǐ shén me shí hou néng huí lai?

▶ 잠깐, 그럼 언제 돌아오는데?

B 니 팡 신　워 헌 콰이 지우 후이 라이
你 放 心。 我 很 快 就 回 来。
Nǐ fàng xīn.　Wǒ hěn kuài jiù huí lai.

▶ 안심해. 금방 돌아올 거야.

A 은　부 지엔 부 산
嗯, 不 见 不 散!
Ng,　bú jiàn bú sàn!

▶ 응, 꼭 만나자!

B 하오 더　하오 더
好 的, 好 的。
Hǎo de,　hǎo de.

▶ 알았어, 알았어.

새단어

- 现在 xiàn zài 〔명〕 지금, 현재
- 这儿 zhèr 〔대〕 여기, 이곳
- 钟 zhōng 〔명〕 시간
- 等 děng 〔동〕 기다리다
- 放心 fàng xīn 〔동〕 안심하다
- 能 néng 〔조동〕 ~할 것이다, 할 수 있다

- 约会 yuē hui 〔명〕 약속
- 一直 yì zhí 〔부〕 곧장, 줄곧, 내내
- 就 jiù 〔부〕 곧, 바로
- 快 kuài 〔조동〕 빠르다
- 嗯 ūg 〔갑〕 응(승낙을 나타내는 어기)
- 不见不散 bú jiàn bú sàn 〔성〕 만날 때까지 기다리다

- 从 cóng 〔개〕 ~부터, ~에서
- 分 fēn 〔양〕 분
- 见 jiàn 〔동〕 보다
- 回来 huí lai 〔동〕 돌아오다
- 一会儿 yí huìr 〔상〕 잠깐, 잠시 후에

DIALOGUE 2

택시 타기

A　닌 야오 취 나알
您要去哪儿？
Nín yào qù nǎr?

▶ 어디로 모실까요?

B　워 야오 취 베이 징 판 디엔
我要去北京饭店。
Wǒ yào qù Běi jīng fàn diàn.

▶ 북경 호텔로 가 주세요.

A　닌 스 총 나 리 라이 더
您是从哪里来的？
Nín shì cóng nǎ li lái de?

▶ 어디에서 오셨어요?

B　워 스 쭈어 티엔 총 셔우 두 라이 더
我是昨天从首都来的。
Wǒ shì zuó tiān cóng Shǒu dū lái de.

▶ 어제 서울에서 왔습니다.

A　쭈어 티엔 지 디엔 따오 지 창 더
昨天几点到机场的？
Zuó tiān jǐ diǎn dào jī chǎng de?

▶ 어제 몇 시에 공항에 도착하셨어요?

B　잉 까이 스 빠 디엔 빤 따오 지 창 커 스 완 빤 거
应该是八点半到机场，可是晚半个
Yīng gāi shì bā diǎn bàn dào jī chǎng, kě shì wǎn bàn ge
샤오 스 쓰 지 칭 콰이 이 디알 하오 마
小时。司机，请快一点儿好吗？
xiǎo shí. Sī jī, qǐng kuài yì diǎnr hǎo mɑ?

▶ 8시 반에 공항에 도착했어야 했는데 30분 늦었습니다. 기사님, 좀 빨리 가 주실 수 없을까요?

A　하오 더
好的。
Hǎo de.

▶ 그러죠.

 새단어

- 北京 Běi jīng 명 북경
- 昨天 zuó tiān 명 어제
- 机场 jī chǎng 명 공항
- 晚 wǎn 형 늦다
- 一点儿 yì diǎnr 수량 조금

- 饭店 fàn diàn 명 호텔, 식당
- 首尔 Shǒu ěr 명 서울
- 半 bàn 수 반
- 小时 xiǎo shí 명 시간
- 应该 yīng gāi 조동 당연히(마땅히) ~해야 한다

- 哪里 nǎ li 대 어디
- 点 diǎn 명 시간
- 可是 kě shì 명 그러나, 그런데
- 司机 sī jī 명 운전수, 조종사

각종 탈 것들

汽车 [qì chē] 자동차

公共汽车 [gōng gòng qì chē]
시내버스

自行车 [zì xíng chē] 자전거

摩托车 [mó tuō chē]
오토바이

卡车 [kǎ chē] 트럭

火车 [huǒ chē] 기차

地铁 [dì tiě] 지하철

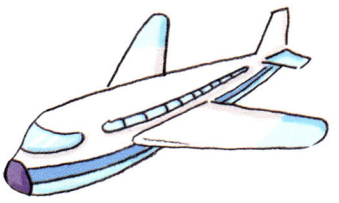

飞机 [fēi jī] 비행기

船 [chuán] 배

문법 다지기

1 동사술어문(动词谓句)

술어가 동사로 되어 있는 문형을 말합니다.

주어 + 동사 + (목적어)

我 去。
Wǒ qù.

저 갑니다.

他 吃 米 饭。
Tā chī mǐ fàn.

그는 쌀밥을 먹습니다.

주어 + 부사어 + 동사 + (목적어)

我 常 常 去。
Wǒ cháng cháng qù.

저는 자주 갑니다.

她 很 喜 欢 喝 酒。
Tā hěn xǐ huan hē jiǔ.

그녀는 술 마시는 것을 아주 좋아합니다.

주어 + 不 + 동사 + 목적어

我 不 爱 他 。
Wǒ bú ài tā.

나는 그를 사랑하지 않습니다.

2 의문대명사로 묻는 의문문

의문대명사로 묻는 의문문에는 일반 의문문에서 쓰는 '吗 ma'를 쓸 수 없습니다. 의문대명사는 무엇을 묻느냐에 따라 주어, 관형어, 목적어의 자리에 올 수 있습니다. 의문사에는 다음과 같은 것들이 있습니다.

• 사람(누구)	谁 shéi
• 사물(무엇)	什么 shén me
• 시간(언제)	什么时候 shén me shí hou
• 무엇(어느)	哪 nǎ
• 장소(어느 곳)	哪儿 nǎr
• 상태(어떠하다)	怎么样 zěn meyàng
• 날짜, 요일, 숫자(몇)	几 jǐ
• 값, 전화번호(몇)	多少 duō shao

这 是 **什么**?
Zhè shì sén me?

이게 뭐예요?

你 在 **哪儿**?
Nǐ zài nǎr?

당신, 어디에 있어요?

那 我 **怎么样**?
Nà wǒ zěn me yàng?

그럼 저는 거때요?

几岁?
Jǐ suì?

몇 살이에요?

3 동사의 중첩

동사를 두 번 쓰게 되면 '동작의 시간이 짧다', '한번 해 보다' 등의 의미를 갖게 됩니다.
동사의 중첩에는 단음절 동사의 중첩과 이음절 동사의 중첩이 있습니다.

等等?
Děng deng!

잠깐 기다려요!

我 去 **看看**。
Wó qù kàn kan.

제가 좀 볼게요.

您 **尝一尝** 这个菜。
Nín cháng yi cháng zhè ge cài.

이 음식 맛 좀 보세요.

找 个 地方 **休息休息**。
Zháo ge dì fang xiū xi xiū xi.

장소를 찾아서 좀 쉽시다.

4 부사 '才' 와 '就'

你怎么 **才** 去?
Nǐ zén me cái qù?

너 왜 이저야 가니?

八点开始, 你 **就 采** 了。
Bā dián kāi shǐ, nǐ jiù lái le.

8시에 시작인데, 벌써 와 있구나.

연습문제

1 발음과 성조에 주의하면서 따라 읽어 보세요.

(1) Qǐng wèn, dì tiě zhàn zěn me zǒu?

(2) Wǒ shì zuó tiān cóng Shǒu ěr lái de.

(3) Nà wǒ zěn me yàng?

(4) Qǐng kuài yì diǎnr hǎo ma?

(5) Tā hěn xǐ huan hē jiǔ.

2 다음과 같이 알맞은 발음에 선을 그어 보세요.

(1) 从 •   • bàn   (6) 饭店 •   • jǐ chǎng

(2) 半 •   • cóng   (7) 应该 •   • xiǎo shí

(3) 要 •   • wǎn   (8) 小时 •   • fàn diàn

(4) 晚 •   • qǐng   (9) 机场 •   • yīng gāi

(5) 请 •   • yào   (10) 放心 •   • fàng xīn

3 다음 단어의 적당한 자리를 찾아 넣어 보세요.

(1) 来   a 你 b 是 c 从 d 哪 e 里 f 的?

(2) 从   a 这 b 儿 c 一 d 直 e 走 f 五 g 分 h 钟 i 就 j 有。

(3) 就   a 我 b 很 c 快 d 回 e 来。

(4) 要   a 我 b 去 c 北 d 京 e 饭 f 店。

(5) 才   a 你 b 怎 c 么 d 去?

4 다음을 어순에 맞게 정렬해 보세요.

(1) 您 要 儿 去 哪

➡ ＿＿＿＿＿＿＿＿＿＿＿＿＿＿＿＿＿＿＿＿＿＿ ?

(2) 这 一 尝 菜 个 您 尝

➡ ＿＿＿＿＿＿＿＿＿＿＿＿＿＿＿＿＿＿＿＿＿＿ 。

(3) 昨 是 我 天 尔 首 来 从 的

➡ ＿＿＿＿＿＿＿＿＿＿＿＿＿＿＿＿＿＿＿＿＿＿ 。

(4) 你 时 那 能 什 候 回 来 么

➡ ＿＿＿＿＿＿＿＿＿＿＿＿＿＿＿＿＿＿＿＿＿＿ ?

5 녹음을 듣고 그림에 맞게 빈칸을 채워 보세요.

(1)

A 你喜欢什么?

B 我喜欢＿＿＿＿＿＿＿。

(2)

A 现在你到哪儿去?

B 现在我＿＿＿＿＿＿＿。

중국의 화폐, 인민폐

중국 화폐인 인민폐(人民币 Rén mín bì)는 큰 단위부터 순서대로 "元 yuán", "角 jiǎo", "分 fēn" 등 3종류가 있고 1元은 10角, 1角은 10分에 해당합니다. 단, 구어체(백화문)에서는 "元 yuán"을 "块 kuài"라고 하고 "角 jiǎo"는 "毛 máo"라고 합니다.

지폐	100元, 50元, 20元, 10元, 5元, 2元, 1元, 5角, 2角, 1角
동전	1元, 5角, 5分, 2分, 1分

그리고 얼마인지 묻고 싶을 때에는 "多少钱? Duō shao qián?"이라고 씁니다. 대답의 예로는 다음과 같습니다.

3.50元   三元五角(三块五毛)
          Sān yuán wǔ jiǎo (Sān kuài wǔ máo)

0.78元   七角八分(七毛八)
          Qī jiǎo bā fēn (Qī máo bā)

4.09元   四元九分(四块零九)
          Sì yuán jiǔ fēn (Sì kuài líng jiǔ)

백화문에서는 흔히 금액 뒤에 "钱 qián"을 덧붙이기도 합니다.

2.50元   二块五毛钱
          Liǎng kuài wǔ máo qián

05

现在几点钟?

지금 몇 시지?

씨엔 짜이 스 리우 디엔 이 커
现在是六点一刻。
Xiàn zài shì liù diǎn yí kè.

메이 티엔 짜오 샹 빠 디엔 종 샹 빤 씨아 우
每天早上八点钟上班，下午
Měi tiān zǎo shang bā diǎn zhōng shàng bān, xià wǔ

우 디엔 빤 씨아 빤 후이 지아
五点半下班回家。
wǔ diǎn bàn xià bān huí jiā.

진 티엔 싱 치 지
今天星期几？
Jīn tiān xīng qī jǐ?

진 티엔 완 샹 여우 메이 여우 콩르
今天晚上有没有空儿？
Jīn tiān wǎn shang yǒu méi yǒu kòngr?

새단어

- 刻 kè 양 15분
- 每天 měitiān 명 매일
- 下午 xià wǔ 명 오후
- 下班 xià bān 동 퇴근하다
- 回 huí 동 돌아가다
- 星期 xīng qī 명 주, 요일
- 空儿 kòngr 명 틈, 짬
- 早上 zǎo shang 명 아침
- 上班 shàng bān 동 출근하다
- 晚上 wǎn shang 명 저녁, 밤

해석

지금은 6시 15분입니다.

매일 아침 8시에 출근하고, 오후 다섯 시 반에 퇴근하여 집으로 돌아갑니다.

오늘 무슨 요일이죠?

오늘 저녁에 시간 있으세요?

A 현재几点钟?
씨엔 짜이 지 디엔 종
现在几点钟?
Xiàn zài jǐ diǎn zhōng?

▶ 지금 몇 시예요?

B 早上九点一刻。
짜오 상 지우 디엔 이 커
Zǎo shang jiǔ diǎn yí kè.

▶ 아침 9시 15분이에요.

A 今天几号?
진 티엔 지 하오
Jīn tiān jǐ hào?

▶ 오늘은 며칠인가요?

B 今天是九月二十二号星期三。
진 티엔 스 지우 위에 얼 스 얼 하오 싱 치 산
Jīn tiān shì jiǔ yuè èr shí èr hào xīng qī sān.

▶ 오늘은 9월 22일 수요일이에요.

A 你每天几点起床?
니 메이 티엔 지 디엔 치 추앙
Nǐ měi tiān jǐ diǎn qǐ chuáng?

▶ 매일 몇 시에 일어나요?

B 每天五点半起床, 八点上班,
메이 티엔 우 디엔 빤 치 추앙 빠 디엔 상 빤
Měi tiān wǔ diǎn bàn qǐ chuáng, bā diǎn shàng bān,
下午五点下班回家。
씨아 우 우 디엔 씨아 빤 후이 지아
xià wǔ wǔ diǎn xià bān huí jiā.

▶ 매일 5시 반에 일어나고 8시에 출근하여 오후 5시에 퇴근해서 집으로 돌아옵니다.

A 你每天工作几个小时?
니 메이 티엔 꽁 쭈어 지 거 샤오 스
Nǐ měi tiān gōng zuò jǐ ge xiǎo shí?

▶ 매일 몇 시간씩 일해요?

B 我每天工作八个小时。
워 메이 티엔 꽁 쭈어 빠 거 샤오 스
Wǒ měi tiān gōng zuò bā ge xiǎo shí.

▶ 매일 8시간씩 일해요.

새단어

- 号 hào [명] 순서를 표시함(대부분 숫자 뒤에 쓰임)
- 起床 qǐ chuáng [동] 일어나다
- 月 yuè [명] 월, 달
- 星期三 xīng qī sān [명] 수요일

쭈이 진 망 뿌 망   니 완 상 쉬에 시 선 머
A 最 近 忙 不 忙? 你 晚 上 学 习 什 么?
Zuì jìn máng bù máng? Nǐ wǎn shang xué xi shén me?

▶ 요즘 바빠? 저녁에 뭐 배워?

워 메이 티엔 완 상 쉬에 시 이 거 종 토우 한 위
B 我 每 天 晚 上 学 习 一 个 钟 头 汉 语。
Wǒ měi tiān wǎn shang xué xi yí ge zhōng tóu Hàn yǔ.

▶ 매일 저녁 한 시간씩 중국어 공부하거든.

싱 치 티엔 니 쭈어 선 머
A 星 期 天 你 做 什 么?
Xīng qī tiān nǐ zuò shén me?

▶ 일요일에는 뭐 해?

싱 치 티엔 워 시우 시
B 星 期 天 我 休 息。
Xīng qī tiān wǒ xiū xi.

▶ 일요일엔 쉬지.

나 머 씨아 싱 치 티엔 여우 메이 여우 콩르
A 那 么, 下 星 期 天 有 没 有 空 儿?
Nà me, xià xīng qī tiān yǒu méi yǒu kòngr?

▶ 그럼, 다음 주 일요일 저녁에 시간 있니?

선 머 스 호우
B 什 么 时 候?
Shén me shí hou?

▶ 언제쯤?

빠 디엔 전 머 양
A 八 点, 怎 么 样?
Bā diǎn, zěn me yàng?

▶ 8시, 어때?

응 하오
B 嗯, 好。
Ng, hǎo

▶ 응, 좋아.

새단어

- 最近 Zuì jìn 명 최근, 요즘
- 忙 máng 형 바쁘다
- 休息 xiū xi 명 동 휴식(하다)
- 上星期 shàng xīng qī 명 지난 주
- 钟头 zhōng tóu 명 시간
- 星期天 Xīng qī tiān 명 일요일
- 下星期 xià xīng qī 명 내주, 다음 주

그림으로 배워요! 손가락으로 배워 봐요!

一 [yī] 1

二 [èr] 2

三 [sān] 3

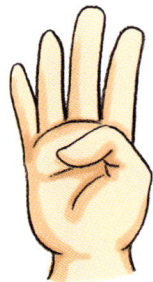

四 [sì] 4

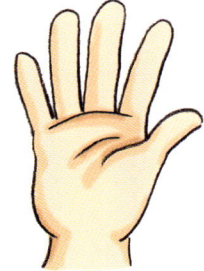

五 [wǔ] 5

六 [liù] 6

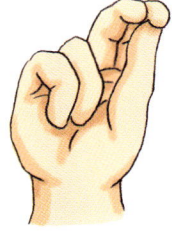

七 [qī] 7

八 [bā] 8

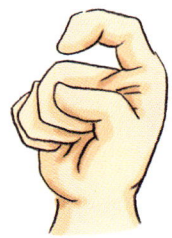

九 [jiǔ] 9

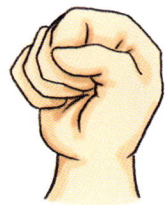

十 [shí] 10

- 다만 '一'은 전화번호 등을 말할 때 혼동을 줄 수 있으므로 '一(yī)' 대신 '幺(yāo)'라고 흔히 말합니다. 또한 둘을 표현하고자 할 때는 '二(èr)' 대신 '两(liǎng)'을 씁니다. '二(èr)'은 주로 수를 읽을 때나 소수와 분수, 서수(序數)를 읽을 때 많이 씁니다.

문법 다지기

1 시간 표현하기

시간은 보통 "一点 yì diǎn(1시)", "两点 liǎng diǎn(2시)", "三点 sān diǎn(3시)"으로 말하고, 분은 "一分 yì fēn(1분)", "二分 èr fēn(2분)", "三分 sān fēn(3분)"으로 말합니다. 또한 30분은 "半 bàn", 15분은 "一刻 yí kè"라고 표현하기도 합니다. 시간 뒤에 종종 "钟 zhōng"을 첨부합니다.

• 两点半	liǎng diǎn bàn	2:30
• 八点三刻	bā diǎn sān kè	8:45
• 三点 (钟)	sān diǎn (zhōng)	3:00
• 四点三十分	sì diǎn sān shí fēn	4:30
• 差一刻四点	chà yí kè sì diǎn	4시 15분전
• 三点四十五分 (钟)	sān diǎn sì shí wǔ fēn (zhōng)	3:45
• 差七分晚上八点	chà qī fēn wǎn shang bā diǎn	저녁 8시 7분전(19:53)

2 월, 일 표현하기

① 월 : 숫자 1~12에 "月 yuè"를 붙여 줍니다. 지난 달, 이번 달, 다음 달을 표현할 때는 반드시 "个 ge"가 들어가야 합니다.

• 一月	yī yuè	1월	• 二月	èr yuè	2월
• 三月	sān yuè	3월	• 四月	sì yuè	4월
• 五月	wǔ yuè	5월	• 六月	liù yuè	6월
• 七月	qī yuè	7월	• 八月	bā yuè	8월
• 九月	jiǔ yuè	9월	• 十月	shí yuè	10월
• 十一月	shí yī yuè	11월	• 十二月	shí èr yuè	12월
• 上个月	shàng ge yuè	지난 달	• 这个月	zhè ge yuè	이번 달
• 下个月	xià ge yuè	다음 달			

② 일 : 날짜를 말할 때는 "号 hào"를 쓰며, 서면에서는 "日 rì"를 씁니다.

| 一号 | 二号 | 三号 | 四号 |
| yī hào | èr hào | sān hào | sì hào |

| ···十一号··· | ···二十号··· | ···百十一号··· |
| ···shí yī hào··· | ···èr shí hào··· | ···bǎi shí yī hào··· |

3 요일 표현하기

· 星期一 xīng qī yī	월요일	· 星期二 xīng qī èr	화요일
· 星期三 xīng qī sān	수요일	· 星期四 xīng qī sì	목요일
· 星期五 xīng qī wǔ	금요일	· 星期六 xīng qī liù	토요일
· 星期日 xīng qī rì	일요일	· 星期天 xīng qī tiān	주일

4 연도 읽는 법

연도를 읽을 때는 숫자를 하나씩 읽어 주면 됩니다. 개별로 읽는 것이므로 연도에서 많이 쓰이는 '一 yī'의 성조는 뒤에 따라오는 병음의 성조에 관계없이 원래대로 돌아오게 됩니다. 또한 우리말은 연도를 읽을 때 천, 백 단위를 모두 읽어 주지만 중국어는 개별로 읽으므로 그럴 필요가 없습니다.

1949년 ⇒ 一九四九年
yī jiǔ sì jiǔ nián

1978년 ⇒ 一九七八年
yī jiǔ qī bā nián

2008년 ⇒ 二零零八年
èr líng líng bā nián

연습문제

1 발음과 성조에 주의하면서 따라 읽어 보세요.

⑴ Xià xīng qī tiān yǒu méi yǒu kòngr?

⑵ Sān diǎn sì shí wǔ fēn zhōng.

⑶ Xià wǔ wǔ diǎn bàn xià bān huí jiā.

⑷ Wǒ měi tiān gōng zuò bā ge xiǎo shí.

⑸ Nǐ wǎn shang zuò shén me?

2 다음을 바꾸어 읽어 보세요.

⑴ 你星期天有没有空儿?

　　星期一 ｜ 星期二 ｜ 星期三 ｜ 星期四 ｜ 星期五 ｜ 星期六

⑵ 今天一月二十五号。

　　二月 ｜ 三月 ｜ 四月 ｜ 五月 ｜ 六月 ｜ 七月 ｜ 八月 ｜ 九月 ｜
　　十月 ｜ 十一月 ｜ 十二月

⑶ 现在八点三十五分钟。

　　一点 ｜ 两点 ｜ 三点 ｜ 四点 ｜ 五点 ｜ 六点 ｜ 七点 ｜ 八点 ｜九点 ｜
　　十点 ｜ 十一点 ｜ 十二点

3 다음 단어의 적당한 자리를 찾아 넣어 보세요.

⑴ 不　　a 最 b 近 c 你 d 忙 e 忙 f ?

⑵ 个　　a 我 b 每 c 天 d 工 e 作 f 九 g 小 h 时 i 。

⑶ 号　　a 今 b 天 c 是 d 十 e 二 f 月 g 十 h 二 i 。

⑷ 差　　a 现 b 在 c 一 d 刻 e 六 f 点 g 。

⑸ 半　　a 我 b 每 c 天 d 七 e 点 f 起 g 床 h 。

4 다음을 어순에 맞게 정렬해 보세요.

(1) 差 现 在 五 晚 分 上 点 八 (저녁 8시 5분전이다)

➡ _____ 。

(2) 每 你 几 天 起 点 床 (매일 몇 시에 일어나요?)

➡ _____ ?

(3) 月 今 期 一 三 十 天 一 号 星 (오늘은 1월 30일 월요일이다)

➡ _____ 。

(4) 上 天 星 你 期 做 了 么 什 (지난번 일요일에는 뭐했니?)

➡ _____ ?

5 녹음을 듣고 그림에 맞게 빈칸을 채워 보세요.

(1)

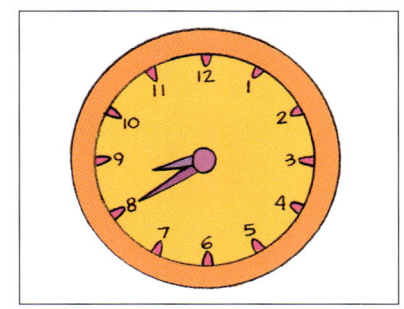

A 现在几点钟?

B 现在_____?

(2)

A 今天几月几号星期几?

B 今天_____。

중국에 들어온 외래어들 (1)

중국의 신문이나 잡지를 보면 전자제품 등의 모델명을 제외하고는 알파벳을 찾아볼 수가 없습니다. 이는 중국인들이 자기네들의 언어에 자부심을 가지고 '중국화' 했다는 긍정적인 측면과 함께 홍수같이 밀려드는 외래어들이 자칫 그 뜻이 왜곡되어 처음 어원과 달리 너무 색다르게 사용될 수 있다는 부정적인 측면을 모두 가지고 있다고 하겠습니다. 그중에서도 여기에서는 나라 이름에 대해 알아보겠습니다.

韩国 [Hán guó] 한국

英国 [Yīng guó] 영국

西班牙 [Xī bān yá] 스페인

意大利 [Yì dà lì] 이탈리아

澳大利亚 [Ào dà lì yà] 오스트레일리아

日本 [Rì běn] 일본

中国 [Zhōng guó] 중국

加拿大 [Jiā ná dà] 캐나다

菲律宾 [Fēi lǜ bīn] 필리핀

法国 [Fǎ guó] 프랑스

美国 [Měi guó] 미국

德国 [Dé guó] 독일

06

他不会说汉语。

그는 중국어를 할 줄 몰라.

워 부 후이 슈어 잉 위   워 후이 슈어 르 위
我不会说英语，我会说日语。
Wǒ bú huì shuō Yīng yǔ, wǒ huì shuō Rì yǔ.

워 부 샹 지엔 타
我不想见他。
Wǒ bù xiǎng jiàn tā.

쩔 커 이 초우 옌 마
这儿可以抽烟吗？
Zhèr kě yǐ chōu yān ma?

니 야오 주 이 션 티
你要注意身体。
Nǐ yào zhù yì shēn tǐ.

새단어

- 说　　shuō　　동 말하다, 이야기하다
- 英语　Yīng yǔ　명 영어
- 日语　Rì yǔ　　명 일본어
- 抽烟　chōu yān　동 담배를 피우다
- 注意　zhù yì　　동 조심하다, 주의하다
- 会　　huì　　조동 ~할 수 있다,
　　　　　　　　　 ~할 것이다
- 可以　kě yǐ　　조동 ~할 수 있다,
　　　　　　　　　 ~해도 좋다

해석

전 영어는 못하지만, 일어는 하죠.

저는 그가 보고 싶지 않아요.

여기서 담배 피워도 되나요?

건강 조심해야 해요.

DIALOGUE 1
외국어 공부 ㅣ

A 你会说英语吗?
Nǐ huì shuō Yīng yǔ ma?
▶ 너 영어 할 줄 아니?

B 我会说英语。你呢?
Wǒ huì shuō Yīng yǔ. Nǐ ne?
▶ 난 영어 할 줄 알아. 너는?

A 我不会说英语, 我会说日语。
Wǒ bú huì shuō Yīng yǔ, wǒ huì shuō Rì yǔ.
▶ 난 영어는 못하지만, 일어는 해.

B 真的吗?
Zhēn de ma?
▶ 정말이야?

A 真的。我会说日语。
Zhēn de. Wǒ huì shuō Rì yǔ.
▶ 정말이지. 나 일어 할 줄 알아.

B 正好了。
Zhèng hǎo le.
▶ 마침 잘됐네.

A 为什么? 有什么事情?
Wèi shén me? Yǒu shén me shì qing?
▶ 왜? 무슨 일인데?

B 那你可以教我日语。
Nà nǐ kě yǐ jiào wǒ Rì yǔ.
▶ 네가 나 일본어 좀 가르쳐 줘.

A 好。我的爱好是学习日语。
Hǎo. Wǒ de ài hào shì xué xi Rì yǔ.
▶ 좋아. 내 취미가 일본어 공부야.

새단어

- 正好 zhèng hǎo [부] 때마침
- 教 jiào [동] 가르치다
- 事情 shì qing [명] 용무, 볼일, 일
- 爱好 ài hào [명] 기호, 취미

A 你 会 说 汉 语 吗？
니 후이 슈어 한 위 마
Nǐ huì shuō Hàn yǔ ma?

▶ 너는 중국어로 말할 수 있니?

B 我 会 说 一 点 儿 汉 语。
워 후이 슈어 이 디알 한 위
Wǒ huì shuō yì diǎnr Hàn yǔ.

▶ 조금 할 수 있어.

A 你 懂 英 语 吗？
니 동 잉 위 마
Nǐ dǒng Yīng yú ma?

▶ 영어는 알아?

B 我 一 点 儿 也 不 懂。
워 이 디알 예 부 동
Wǒ yì diǎnr yě bù dǒng.

▶ 전혀 몰라.

A 你 们 老 师 懂 不 懂 英 语？
니 먼 라오 스 동 부 동 잉 위
Nǐ men lǎo shī dǒng bù dǒng Yīng yǔ?

▶ 너희 선생님은 영어 아셔?

B 懂。 也 懂 汉 语， 他 会 说 两 国 语。
동 예 동 한 위 타 후이 슈어 량 구어 위
Dǒng. Yě dǒng Hàn yǔ, tā huì shuō liǎng guó yǔ.

▶ 응. 중국어도 하시고, 2개 국어 하셔.

A 你 们 老 师 教 你 们 什 么？
니 먼 라오 스 지아오 니 먼 선 머
Nǐ men lǎo shī jiào nǐ men shén me?

▶ 선생님은 너희들에게 뭘 가르치시니?

B 老 师 教 我 们 语 法。
라오 스 지아오 워 먼 위 파
Lǎo shī jiào wǒ men yǔ fǎ.

▶ 어법을 가르치셔.

A 努 力 学 习。
누 리 쉬에 시
Nǔ lì xué xi.

▶ 열심히 공부해.

✎ 새단어

• 懂 dǒng 통 분별하다, 알다
• 语法 yǔ fǎ 명 어법, 문법
• 国语 guó yǔ 명 국어, 표준어
• 努力 nǔ lì 통 애쓰다, 노력하다

그림으로 배워요!

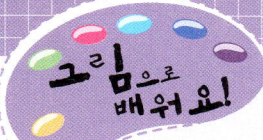

집 안 풍경

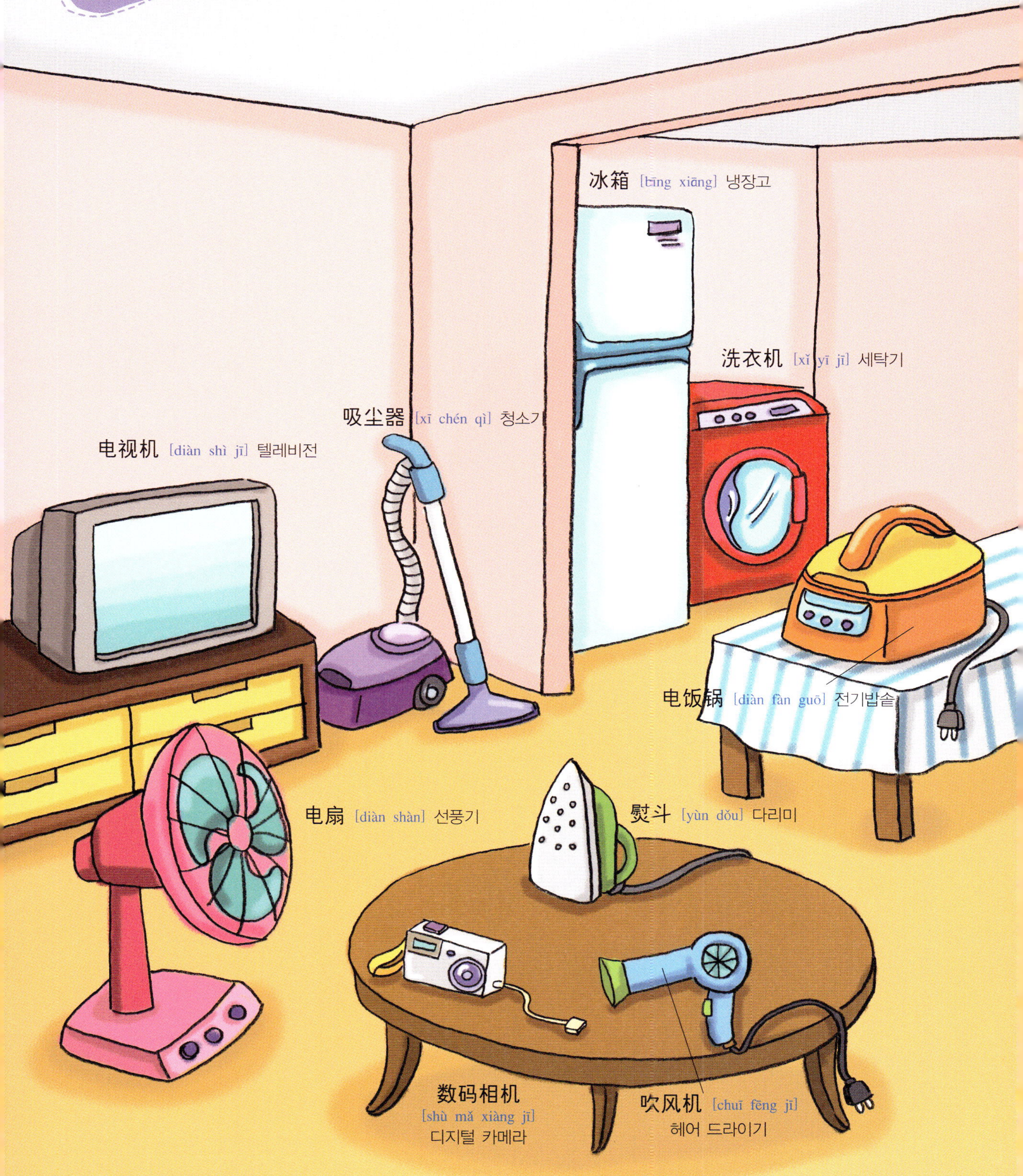
冰箱 [bīng xiāng] 냉장고
洗衣机 [xǐ yī jī] 세탁기
吸尘器 [xī chén qì] 청소기
电视机 [diàn shì jī] 텔레비전
电饭锅 [diàn fàn guō] 전기밥솥
电扇 [diàn shàn] 선풍기
熨斗 [yùn dǒu] 다리미
数码相机 [shù mǎ xiàng jī] 디지털 카메라
吹风机 [chuī fēng jī] 헤어 드라이기

문법 다지기

1

조동사(助动词 : 능원동사)

조동사는 술어를 수식합니다. 부정형은 그 조동사 앞에 "不 bù"를 쓰며, 의문형은 문장 끝에 "吗 ma"를 붙이거나 조동사를 반복해 주면 됩니다. 단, 조동사끼리 중첩해서 사용할 수는 없으며, 동태조사 "了 le", "着 zhe", "过 guo" 등이 올 수 없습니다.

(1) "要 yào"

　① '~하려고 한다'의 의미로 부정형은 '不想 bù xiǎng'입니다.

　　我要去北京。　　　　　　　나는 북경에 가려 합니다.
　　Wǒ yào qù Běi jīng.

　　我要上班。　　　　　　　　나는 출근하려고 합니다.
　　Wǒ yào shàng bān.

　② '~해야 한다'의 의미로 부정형은 '不用 bú yòng'입니다.

　　你要注意身体。　　　　　건강에 유의하세요.
　　Nǐ yào zhù yì shēn tǐ.

　　你们不用来这儿。　　　　너희들은 여기 올 필요 없다.
　　Nǐ men bú yòng lái zhèr.

(2) "想 xiǎng"

　① '~하고 싶다', '~하려 하다'의 의미로 부정형은 '不想 bù xiǎng'입니다.

　　我想回家。　　　　　　　　저 집에 가려고요.
　　Wǒ xiǎng huí jiā.

　　我也想学习。　　　　　　　저도 배우고 싶어요.
　　Wǒ yě xiǎng xué xi.

(3) "会 huì"

　① 학습을 통해 '~할 줄 알게 되다'의 의미로 부정형은 '不会 bú huì'입니다.

　　他会说汉语。　　　　　　　그는 중국어로 말할 줄 안다.
　　Tā huì shuō Hàn yǔ.

他不会游泳。　　　　　그는 수영할 줄 모릅니다.
Tā bú huì yóu yǒng.

② '~할 것이다' 의 의미로 가능성을 말하며, 부정형은 '不会 bú huì' 입니다.

今天会下雪的。　　　오늘 눈이 내릴 거예요.
Jīn tiān huì xià xuě de.

(4) "能 néng"

① '~할 수 있다' 의 의미로 어떤 능력을 갖추고 있다는 것을 나타내며, 부정형은 '不能 bù néng' 입니다.

她能游三百米。　　　그녀는 300미터를 수영해서 갈 수 있습니다.
Tā néng yóu sān bǎi mǐ.

我不能教你汉语。　　나는 당신에게 중국어를 가르쳐 줄 수 없어요.
Wǒ bù néng jiào nǐ Hàn yǔ.

② '~할 수 있다' 의 의미로 허락을 말하며 부정형은 '不能 bù néng' 입니다.

你能喝烧酒吗?　　　소주 마실 수 있어요(마셔도 되나요)?
Nǐ néng hē shāo jiǔ ma?

(5) "可以 kě yǐ"

① '~해도 된다', '~할 수 있다' 의 의미로 허락을 말하며 위의 "能 néng"과 바꿔 쓸 수 있습니다. 부정형은 보통 "不能 bù néng"을 씁니다.

这儿可以抽烟吗?　　여기서 담배를 피워도 되나요?
Zhèr kě yǐ chōu yān ma?

→ 不能。　　　　　　안 돼요.
Bù néng.

② '~할 수 있는 능력이 되다' 라는 뜻으로 쓰이기도 합니다.

我可以帮助你。　　　나는 널 도을 수가 있어.
Wǒ kě yǐ bāng zhù nǐ.

연습문제

1 발음과 성조에 주의하면서 따라 읽어 보세요.

(1) Nǐ huì shuō Yīng yǔ ma?

(2) Nǐ men lǎo shī jiào nǐ men shén me?

(3) Nǐ kě yǐ jiào wǒ Rì yǔ.

(4) Zhèr kě yǐ chōu yān ma?

(5) Nǐ dǒng bù dǒng Yīng yǔ?

2 다음과 같이 알맞은 발음에 선을 그어 보세요.

(1) 要 •   • xiǎng   (6) 努力 •   • ài hào

(2) 会 •   • yào   (7) 正好 •   • zhèng hǎo

(3) 能 •   • néng   (8) 爱好 •   • nǔ lì

(4) 想 •   • dǒng   (9) 抽烟 •   • zhù yì

(5) 懂 •   • huì   (10) 注意 •   • chōu yān

3 다음 단어의 적당한 자리를 찾아 넣어 보세요.

(1) 能   a 她 b 游 c 三 d 百 e 米 f 。

(2) 会   a 你 b 说 c 汉 d 语 e 吗 f ？

(3) 不   a 我 b 会 c 说 d 英 e 语 f 。

(4) 要   a 你 b 注 c 意 d 身 e 体 f 。

(5) 也   a 我 b 一 c 点 d 儿 e 不 f 懂 g 。

4 다음을 어순에 맞게 정렬해 보세요.

(1) 能 喝 酒 烧 吗 你

 _____ ?

(2) 今 下 会 天 雪 的

 _____ 。

(3) 不 你 们 用 这 来 儿

 _____ 。

(4) 也 我 想 学 汉 习 语

 _____ ?

5 녹음을 듣고 그림에 맞게 빈칸을 채워 보세요.

(1)

A 这家饭馆里可不可以抽烟?

B _____ 。

(2)

A 你会不会游泳?

B _____ 。

중국에 들어온 외래어들 (2)

중국인들은 외국어를 완전한 자기 나라 언어로 만드는 데 귀재인 것 같습니다. 외래어가 들어올 때마다 그 이름을 붙일 때의 아이디어는 이미 많은 세계인을 감탄하게 하고 있습니다. 한자가 뜻글자이기 때문에 음을 빌리는 동시에 뜻도 알맞게 붙이는 거지요. 우선 가장 유명한 코카콜라부터 볼까요?

| 코카콜라 | 可口可乐 | kě kǒu kě lè | 입맛이 좋아서 즐겁다 |

우리나라의 한글은 소리글자이므로 '코카콜라' 라는 소리를 내게 하는 기능에서 끝나고 이 단어에 더 이상의 뜻을 담을 수가 없었지만, 중국인들은 마치 제품명에 광고 카피를 담고 이름 자체로 판촉 활동을 하는 듯합니다. 다른 음료들도 예를 볼까요?

펩시콜라	百事可乐	bǎi shì kě lè	백 가지 일이 다 즐겁다
환타	芬达	fēn dá	향기로운 근대(식물 이름)
스트라이프	雪碧	xuě bì	희다 못해 푸른 기가 도는 맑고 시원함
7Up	七喜	qī xǐ	기쁨이 7개나 되니 마냥 즐겁다
코코아	可可	kě kě	그래그래
미린다	美年达	měi nián dá	아름다운 날들이 온다
하이트	海特	hǎi tè	바다의 특별함
카스	凯狮	kǎi shī	승리의 노래, 사자

마셔서 즐겁고 기분이 좋아지고 그야말로 가슴이 뻥 뚫리는 시원함을 만끽할 수 있다면, 음료로서의 그 기능은 확실히 다한 셈이 아닐까요.

07

这儿附近有肯德基吗?

이 근처에 KFC 있어?

니 먼 꽁 쓰 푸 진 여우 션 머
你们公司附近有什么?
Nǐ men gōng sī fù jìn yǒu shén me?

쉬에 샤오 뚜에이 미엔 여우 이 지아 왕 빠
学校对面有一家网吧。
Xué xiào duì miàn yǒu yì jiā wǎng bā.

띠엔 잉 위엔 팡 비엔 스 슈 디엔
电影院旁边是书店。
Diàn yǐng yuàn páng biān shì shū diàn.

타 쩡 짜이 카 페이 팅 너
她正在咖啡厅呢。
Tā zhèng zài kā fēi tīng ne.

해석

너희 회사 부근엔 뭐가 있니?

학교 맞은편에 PC방이 있어.

극장 옆쪽이 서점이야.

그녀는 마침 커피숍에 있어.

친 아이 더　니 짜이 쭈어 션 머 너
A 亲爱的，你在做什么呢？
　　Qīn ài de, nǐ zài zuò shén me ne?

▶ 자기야, 지금 뭐 해?

워　짜이 껀 니 따 띠엔 화 너　션 머 스얼
B 我？在跟你打电话呢，什么事儿？
　　Wǒ? Zài gēn nǐ dǎ diàn huà ne, shén me shìr?

▶ 나? 너랑 통화하고 있잖아,
　무슨 일인데?

헤이 헤이　메이 션 머　워 샹 팅 니 더 셩 인
A 嘿嘿，没什么，我想听你的声音。
　　Hēi hēi, méi shén me, wǒ xiǎng tīng nǐ de shēng yīn.

▶ 헤헤, 아무것도 아냐, 네 목소리
　듣고 싶어서.

하 하　와이 비엔 정 씨아 위 너
B 哈哈，外边正下雨呢。
　　Hā hā, wài bian zhèng xià yǔ ne.

▶ 하하, 마침 밖에 비가 오네.

스 마
A 是吗？
　　Shì ma?

▶ 그래?

워 먼 이 치 취 산 부　하오 마
B 我们一起去散步，好吗？
　　Wǒ men yì qǐ qù sàn bù, hǎo ma?

▶ 우리 같이 산책이나 할까, 어때?

하오　니 덩 바
A 好。你等吧。
　　Hǎo. Nǐ děng ba.

▶ 좋아. 기다려.

✎ **새단어**

- 亲爱　Qīn ài　동 친애하다, 사랑하다
- 电话　diàn huà　명 전화
- 听　tīng　동 듣다
- 一起　yì qǐ　부 같이, 모두
- 正　zhèng　부 마침
- 哈哈　hā hā　의 하하(웃는 소리)

- 打　dǎ　동 보내다, 발신하다
- 散步　sàn bù　동 산보하다, 산책하다
- 声音　shēng yīn　명 목소리, 소리
- 外边　wài bian　명 밖, ㅂ-같
- 下雨　xià yǔ　동 비가 오다
- 嘿嘿　hēi hēi　의 헤헤

A 워 까오 수 니 이 지엔 하오 씨아오 시
我 告 诉 你 一 件 好 消 息。
Wǒ gào su nǐ yí jiàn hǎo xiāo xi.

▶ 내가 좋은 소식 하나 알려줄게.

B 선 머 하오 씨아오 시
什 么 好 消 息？
Shén me hǎo xiāo xi?

▶ 무슨 좋은 소식?

A 타 짜이 와이 비엔
'她' 在 外 边！
Tā zài wài bian!

▶ '그녀' 가 밖에 있어!

B 쩐 더
真 的？
Zhēn de?

▶ 정말?

A 쩐 더 타 껀 워 더 리엔런 쩡 슈어 화 너
真 的。 她 跟 我 的 恋 人 正 说 话 呢。
Zhēn de. Tā gēn wǒ de liàn rén zhèng shuō huà ne.

▶ 그래. 내 애인이랑 마침 얘기하고 있는 중이야.

B 아 전 머 양
啊！ 怎 么 办？
Ā! Zěn me bàn?

▶ 아! 어떡하지?

A 니 상 샹 타 치우 훈 마
你 想 向 她 求 婚 吗？
Nǐ xiǎng xiàng tā qiú hūn ma?

▶ 그녀에게 프러포즈할 생각이야?

B 덩 이 후얼 쭈오 이 커우 션 후 시
等 一 会 儿。 做 一 口 深 呼 吸。
Děng yí huìr. Zuò yì kǒu shēn hū xī.

▶ 잠깐. 심호흡 좀 하고.

✎ 새단어

- 告诉　gào su　동 알리다
- 消息　xiāo xi　명 소식
- 办　bàn　동 하다, 처리하다
- 求婚　qiú hūn　동 구혼하다
- 深呼吸　shēn hū xī　명동 심호흡(하다)

- 件　jiàn　양 일·사건·물건 등을 세는 데 쓰임
- 恋人　liàn rén　명 연인
- 向　xiàng　개 ~을 향하여, ~으로
- 一口　yì kǒu　수량 한 입, 한 모금

86

학교 안 풍경

教室 [jiào shì] 교실

邮局 [yóu jú] 우체국

食堂 [shí Táng] 식당

小卖部 [xiǎo mài bù] 매점

运动场 [yùn dòng chǎng] 운동장

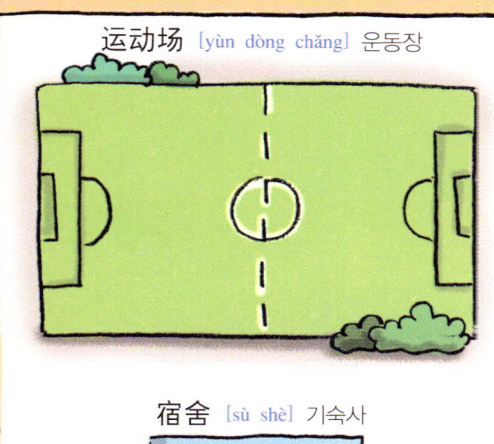

音乐室 [yīn yuè shì] 음악실

美术室 [měi shù shì] 미술실

宿舍 [sù shè] 기숙사

教导室 [jiào dǎo shì] 교무실

卫生间 [wèi shēng jiān] 화장실

礼堂 [lǐtáng] 강당

图书馆 [tú shū guǎn] 도서관

문법 다지기

1

방위사(方位词)

방위를 나타내는 명사를 말합니다.

我在外边。   나는 밖에 있어요.
Wǒ zài wài bian.

书店在学校左边。   서점은 학교 왼쪽에 있습니다.
Shū diàn zài xué xiào zuǒ biān.

2

존재를 나타내는 "在 zài", "有 yǒu", "是 shì"

我们学校在医院旁边。   우리 학교는 병원 옆에 있습니다.
Wǒ men xué xiào zài yī yuàn páng biān.

公司附近有一家商店。   회사 근처에 상점이 하나 있습니다.
Gōng sī fù jìn yǒu yì jiā shāng diàn.

我家前边是快餐厅。   우리 집 앞이 패스트푸드점입니다.
Wǒ jiā qián bian shì kuài cān tīng.

3

동작의 진행 "正 zhèng", "在 zài", "正在 zhèng zài", "呢 ne"

"正 zhèng"은 '마침 ~하고 있는 중이다' 라는 뜻으로 동작이 진행되는 그 '시간'을 강조합니다. "正在 zhèng zài"는 '한창 ~하고 있는 중이다' 라는 뜻입니다.

① "正 zhèng" : 마침 ~하고 있는 중이다

他们正说话 (呢)。   그들은 마침 이야기하는 중입니다.
Tā men zhèng shuō huà (ne).

外边正下雨 (呢)。   밖에는 마침 비가 오고 있습니다.
Wài bian zhèng xià yǔ (ne).

② "在 zài : ~하는 중이다

他 在 唱 歌 (呢)。
Tā zài chàng gē (ne).

그는 노래를 하고 있습니다.

我 在 看 报 纸 (呢)。
Wǒ zài kàn bào zhǐ (ne).

나는 신문을 보고 있습니다.

③ "正在 zhèng zài" : 한창 ~하고 있는 중이다

他 正 在 等 她 (呢)。
Tā zhèng zài děng tā (ne).

그 사람은 그녀를 기다리고 있습니다.

我 正 在 听 音 乐 (呢)。
Wǒ zhèng zài tīng yīn yuè (ne).

나는 음악을 듣고 있는 중입니다.

④ "呢 ne" : ~하는 중이다

她 们 喝 茶 呢。
Tā men hē chá ne.

그녀들은 차를 마시고 있습니다.

他 在 房 间 里 休 息 呢。
Tā zài fáng jiān li xiū xi ne.

그는 방에서 쉬고 있어요.

她 正 在 外 边 散 步 呢。
Tā zhèng zài wài bian sàn bù ne.

그녀는 밖에서 산책하고 있어요.

TIP "呢 ne"만으로 진행형을 표현할 수 있습니다.

⑤ 부정형과 의문형

我 没 买 词 典。
Wǒ méi mǎi cí diǎn.

나는 사전을 사지 않았어요.

他 们 在 踢 足 球 吗 ?
Tā men zài tī zú qiú ma?

그들은 축구를 하고 있나요?

연습문제

1 발음과 성조에 주의하면서 따라 읽어 보세요.

⑴ Tā zhèng zài děng nǐ ne.

⑵ Shū diàn zài xué xiào zuǒ biān.

⑶ Wǒ men yì qǐ qù sàn bù, hǎo ma?

⑷ Wài biān zhèng xià yǔ ne.

⑸ Wǒ zài gēn nǐ dǎ diàn huà ne.

2 다음과 같이 알맞은 발음에 선을 그어 보세요.

⑴ 书店 •　　　• xiāo xi　　⑹ 深呼吸 •　　　• jiào dǎo shì

⑵ 公司 •　　　• liàn rén　　⑺ 教导室 •　　　• shēn hū xī

⑶ 求婚 •　　　• gōng sī　　⑻ 快餐厅 •　　　• kuài cān tīng

⑷ 恋人 •　　　• shū diàn　　⑼ 电影院 •　　　• kā fēi tīng

⑸ 消息 •　　　• qiú hūn　　⑽ 咖啡厅 •　　　• diàn yǐng yuàn

3 다음 단어의 적당한 자리를 찾아 넣어 보세요.

⑴ 呢　　a 他 b 们 c 正 d 说 e 话 f 。

⑵ 向　　a 你 b 想 c 她 d 求 e 婚 f 吗 g ？

⑶ 做　　a 你 b 在 c 什 d 么 e 呢 f ？

⑷ 有　　a 学 b 校 c 对 d 面 e 一 f 家 g 网 h 吧 i 。

⑸ 在　　a 你 b 们 c 学 d 校 e 哪 f 儿 g ？

90

4 다음을 어순에 맞게 정렬해 보세요.

(1) 们 我 学 在 校 院 旁 医 边

➡ _____ 。

(2) 跟 她 的 我 友 朋 说 正 话 呢

➡ _____ 。

(3) 呢 乐 在 我 正 听 音

➡ _____ 。

(4) 咖 儿 厅 在 哪 啡

➡ _____ ?

5 녹음을 듣고 그림에 맞게 빈칸을 채워 보세요.

(1)

A 他干什么呢?

B _____ 。

(2)

A 网吧在哪儿?

B _____ 。
(우리 집 옆)

중국에 들어온 외래어들 (3)

이왕 알아보는 김에 중국의 외래어 만들기에 대해 더 알아봅시다. 중국에도 역시 패스트푸드 바람이 거세게 불어, 패스트푸드점은 연일 발 디딜 틈이 없을 정도라고 합니다.

가만히 따라 읽어보세요.

맥도날드	麦当劳	mài dāng láo
KFC	肯德基	kěn dé jī
스타벅스	星巴克	xīng bā kè
핫도그	热狗	rè gǒu
햄	火腿	huǒ tuǐ
커피	咖啡	kā fēi
카레	咖喱	gā lí
샌드위치	三明治	sān míng zhì
햄버거	汉堡包	hàn bǎo bāo

어때요? 발음이 원래와 비슷한가요? 중국인들은 외래어를 만들 때 가능한 한 발음만 들어도 그 물건이 무엇을 뜻하는지 알도록 만든다는 것입니다. 중국에는 아직도 글자를 모르는 문맹이 많으므로 그들에게도 그 물건이 대략 무엇인지는 알려 주기 위해서입니다(사실은 그들에게도 물건은 팔아야 하기에 그렇습니다). 대표적인 예가 바로, 켄터키 프라이드 치킨인[컨더지]입니다. 맨 끝의 [지]의 발음이 '닭'을 뜻하는 '鸡'의 중국어 발음과 똑같은 [지]입니다. '긍정하다'의 뜻을 가진 '肯'과 '덕망'의 뜻인 '德', '기초, 바탕'의 뜻을 가진 '基'로 만들어진 단어로, 뜻은 다 좋지만 닭과는 전혀 상관없는 글자들로 만들어졌습니다. 그러나 아무리 목불식정의 무식한 중국인이라도 누구든 닭으로 만들어진 음식임을 알 수 있습니다. 왜냐고요? [컨더지]라는 전체 발음이 본딧말과 무척 흡사한 것은 물론, 닭이라는 뜻을 가진 '鸡'와 같은 발음 [지]로 끝나기 때문입니다.

08

我学得很好。

나는 공부를 참 잘해.

타　한　위　슈어　더　헌　부　추어
他汉语说得很不错。
Tā Hàn yǔ shuō de hěn bú cuò.

타　요우　용　요우　더　헌　하오
她游泳游得很好。
Tā yóu yǒng yóu de hěn hǎo.

저우　모　꾸어　더　위　콰이　마
周末过得愉快吗？
Zhōu mò guò de yú kuài ma?

타　장　더　하오　칸　러
她长得好看了。
Tā zhǎng de hǎo kàn le.

새단어
- 不错　bú cuò　[형] 맞다, 괜찮다
- 游泳　yóu yǒng [명] [동] 수영(하다)
- 周末　zhōu mò　[명] 주말
- 愉快　yú kuài　[형] 유쾌하다
- 长　zhǎng　[동] 자라다, 성장하다
- 好看　hǎo kàn　[형] 아름답다, 보기에 좋다
- 过　guò　[동] 보내다(시간)
- 了　le　[조] 문장 말미에 쓰여 변화 혹은 완료를 나타냄
- 得　de　[조] 동사와 형용사 뒤에 쓰여 결과나 정도를 나타냄

해석
그의 중국어 회화 실력은 괜찮아요.

그녀는 수영을 아주 잘합니다.

즐겁게 주말을 보냈어요?

그녀는 예쁘게 자랐습니다.

A 니 라이 더 짜오 마
你 来 得 早 吗?
Nǐ lái de zǎo ma?

▶ 일찍 나왔어?

B 부 워 예 깡 따오
不，我 也 刚 到。
Bù, wǒ yě gāng dào.

▶ 아뇨. 저도 방금 왔어요.

A 저우 모 꾸어 더 전 머 양
周 末 过 得 怎 么 样?
Zhōu mò guò de zěn me yàng?

▶ 주말은 어떻게 지냈어?

B 꾸어 더 현 위 콰이
过 得 很 愉 快。
Guò de hěn yú kuài.

▶ 아주 즐겁게 보냈어요.

A 니 시엔 짜이 팅 더 동 중 원 광 보 마
你 现 在 听 得 懂 中 文 广 播 吗?
Nǐ xiàn zài tīng de dǒng Zhōng wén guǎng bō ma?

▶ 이젠 중국어 방송을 알아들을 수 있니?

B 넝 팅 더 동 이 시에
能 听 得 懂 一 些。
Néng tīng de dǒng yì xiē.

▶ 조금 알아들을 수 있어요.

A 니 한 위 슈어 더 현 부 추어
你 汉 语 说 得 很 不 错。
Nǐ Hàn yǔ shuō de hěn bú cuò.

▶ 중국어는 괜찮게 하겠구나.

B 날 더 화
哪 儿 得 话。
Nǎr de huà.

▶ 천만의 말씀입니다.

📓 새단어

- 早 zǎo 형 이르다, 빠르다
- 到 dào 동 도달하다, 도착하다
- 一些 yì xiē 수량 조금, 약간
- 刚 gāng 부 마침 알맞게, 꼭
- 广播 guǎng bō 명동 방송(하다)
- 不错 bú cuò 형 틀림없다, 좋다, 훌륭하다

하오 지우 부 지엔 꾸어 더 전 머 양

A 好久不见! 过得怎么样?

Hǎo jiǔ bú jiàn! Guò de zěn me yàng?

▶ 오랜만이야! 어떻게 지냈어?

쩐 하오 지우 부 지엔 워 꾸어 더 헌 하오 니 너

B 真好久不见! 我过得很好。你呢?

Zhēn hǎo jiǔ bú jiàn! Wǒ guò de hěn hǎo. Nǐ ne?

▶ 정말 오랜만이야! 나야 잘 지내고 있지. 넌?

하이 커 이 니 시엔 짜이 팅 더 둥 중 구어 거얼 마

A 还可以, 你现在听得懂中国歌儿吗?

Hái kě yǐ, nǐ xiàn zài tīng de dǒng Zhōng guó gēr mɑ?

▶ 그럭저럭. 지금은 중국어 노래 정도는 알아들을 수 있어?

워 넝 팅 더 둥 이 시에 시엔 짜이 워 한 위 슈어 더

B 我能听得懂一些。现在我汉语说得

Wǒ tīng de dǒng yì xiē. Xiàn zài wǒ Hàn yǔ shuō de

헌 콰이

很快。

hěn kuài.

▶ 조금 알아들을 수 있게 됐어. 지금은 나 중국말도 빨리 해.

하오 지 러 니 한 위 슈어 더 페이 창 리우 리

A 好极了。你汉语说得非常流利。

Hǎo jí le. Nǐ Hàn yǔ shuō de fēi cháng liú lì.

▶ 너무 잘됐다. 너 중국어 실력이 상당하구나.

나 리 나 리 뚜어 시에 니 더 관 신

B 哪里哪里, 多谢你的关心。

Nǎ li nǎ li, duō xiè nǐ de guān xīn.

▶ 아니 뭘, 관심 가져줘서 고마워.

헤이 헤이 아 치 쓰 러

A 嘿嘿! (啊! 气死了!)

Hēi hēi! (Ā! Qì sǐ le!)

▶ 헤헤! (아악! 약 올라 죽겠네!)

✎ 새단어 ─────────────────

• 久 jiǔ 형 오래다
• 极 jí 부 가장, 극히
• 流利 liú lì 형 유창하다
• 哪里哪里 nǎ li nǎ li 천만에요

• 歌儿 gēr 명 노래
• 非常 fēi cháng 부 매우, 아주, 대단히
• 关心 guān xīn 명 관심, 마음을 씀
• 气死 qì sǐ 동 울화통이 터져 견딜 수 없다, 분하다

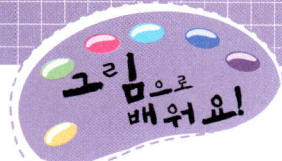

그림으로 배워요! 식탁 위 음식과 도구들

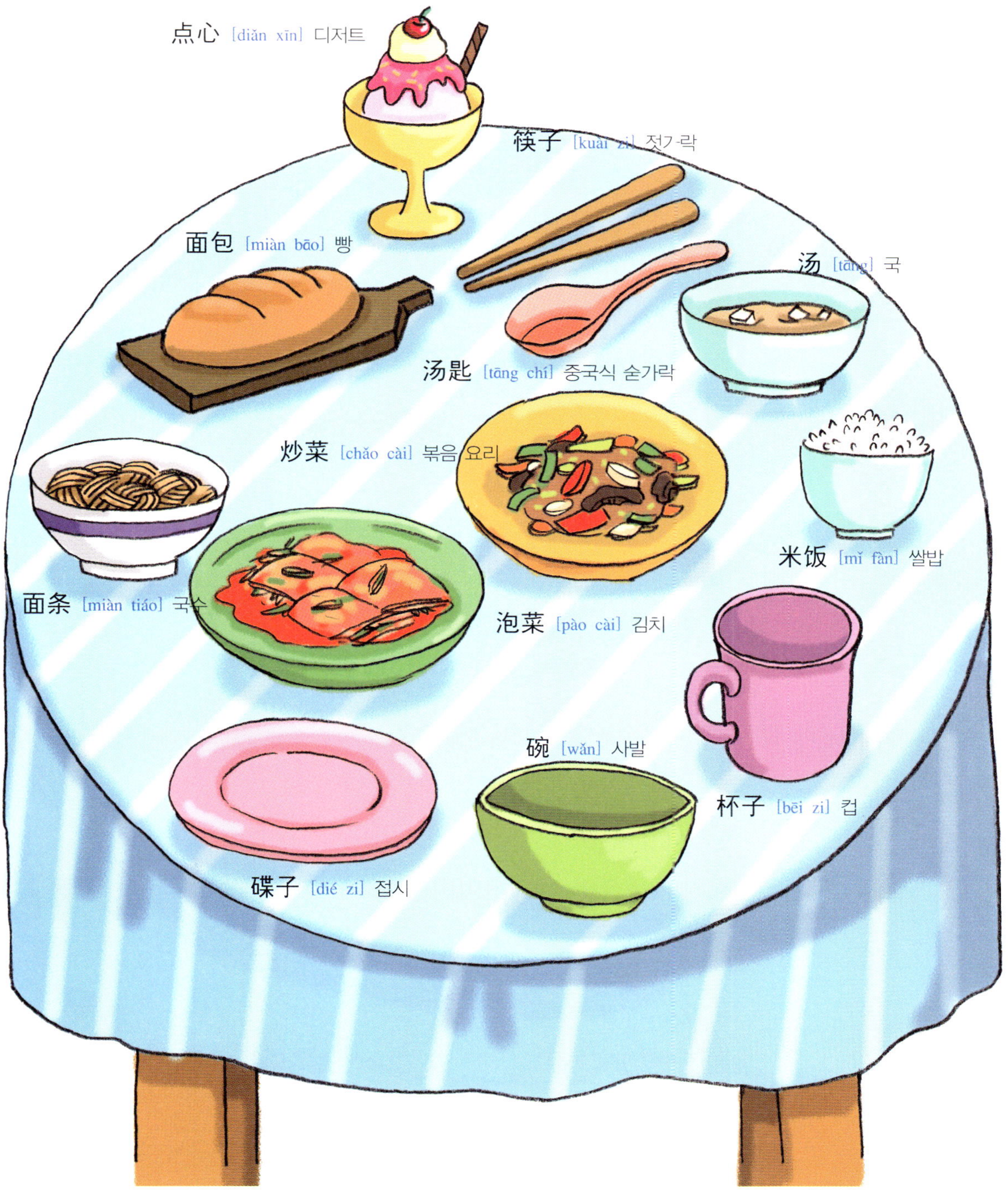
点心 [diǎn xīn] 디저트
筷子 [kuài zi] 젓가락
面包 [miàn bāo] 빵
汤 [tāng] 국
汤匙 [tāng chí] 중국식 숟가락
炒菜 [chǎo cài] 볶음 요리
米饭 [mǐ fàn] 쌀밥
面条 [miàn tiáo] 국수
泡菜 [pào cài] 김치
碗 [wǎn] 사발
杯子 [bēi zi] 컵
碟子 [dié zi] 접시

문법 다지기

조사 "得 de"

동사나 형용사 뒤에 쓰여 결과나 정도를 표시하는 보어를 연결시키는 역할을 합니다. 정도보어란 어떤 동작이 도달한 정도나 상태를 설명해 주는 보어를 말합니다.

① 긍정문

주어 + 술어(동사/형용사) + 得 de + 정도보어

他来得早。　　　　　　　그는 일찍 왔다.
Tā lái de zǎo.

他说得好。　　　　　　　그는 말을 잘한다.
Tā shuō de hǎo.

주어 + 술어 + 목적어 + 술어 + 得 de + 정도보어

她游泳游得很好。　　　　그녀는 수영을 아주 잘한다.
Tā yóu yǒng yóu de hěn hǎo.

동사/형용사 + 极了／死了／透了／呆了

好极了。　　　　　　　　너무 잘됐다.
Hǎo jí le.

疼死了。　　　　　　　　아파 죽겠다.
Téng sǐ le.

坏透了。　　　　　　　　정말 나빴어.
Huài tòu le.

他帅呆了。　　　　　　　저 사람 죽여주네.
Tā shuài dāi le.

② 부정문과 의문문

부정문은 보어 앞에 부정부사 "不 bù"를 붙이면 됩니다. 의문문으로 만들려면 조사 "得 de" 뒤에 긍정, 부정의 선택의문문이 오게 하면 됩니다.

긍정문	부정문	의문문
来得早。	来得不早。	来得早不早?
Lái de zǎo.	Lái de bù zǎo.	Lái de zǎo bù zǎo?
일찍 왔다.	일찍 오지 못했다.	일찍 왔지요?

2 보어의 간략 정리

종류	구실	예문					해석
		주어	동사	보어	형용사	동사	
결과 보어	동사 뒤에 붙어 동작결과를 보충 설명	他	看		完		그는 다 보았다.
가능형 보어	동사와 결과 방향 보어 사이에 넣어 가능과 불가능을 보임	他 你	来 来	得 得不	早 早	(가능) (불가능)	그는 일찍 왔다. 너는 일찍 오지 못했다.
방향 보어	동사 뒤에 붙어 동작의 방향을 보임	你	回			来	돌아와.
양태 보어	동사 뒤에 붙어 그 정도를 나타냄	他	走	得	快		그는 빨리 간다.
정도 보어	형용사 뒤에 붙어 그 정도를 나타냄		小	得		看不了	작아서 볼 수 없다.
수량 보어	동사, 형용사 뒤에 붙어 횟수, 시간, 분량, 정도 등을 나타냄	동사 뒤 : 学了一年 형용사 뒤 : 好一点儿					1년을 배웠다. 좀 좋다.

TIP 더 자세한 부분적 · 구체적 정리는 14과, 15과의 '문법 다지기'에서 계속 다루어집니다.

연습문제

1 발음과 성조에 주의하면서 따라 읽어 보세요.

⑴ Tā yóu yǒng yóu de hěn hǎo.

⑵ Duō xiè nǐ de guān xīn.

⑶ Nǐ Hàn yǔ shuō de hěn bú cuò.

⑷ Guò de hěn yú kuài.

⑸ Nǐ Hàn yǔ shuō de fēi cháng liú lì.

2 다음과 같이 알맞은 발음에 선을 그어 보세요.

⑴ 非常 •   • guǎng bō   ⑹ 愉快 •   • pào cài

⑵ 关心 •   • fēi cháng   ⑺ 好看 •   • bú cuò

⑶ 流利 •   • yóu yǒng   ⑻ 点心 •   • diǎn xīn

⑷ 广播 •   • guān xīn   ⑼ 不错 •   • hǎo kàn

⑸ 游泳 •   • liú lì   ⑽ 泡菜 •   • yú kuài

3 다음 단어의 적당한 자리를 찾아 넣어 보세요.

⑴ 能   a 我 b 听 c 得 d 懂 e 一 f 些 g 。

⑵ 得   a 她 b 长 c 好 d 看 e 了 f 。

⑶ 懂   a 你 b 现 c 在 d   e 得 f 中 g 文 h 吗 i ?

⑷ 得   a 周 b 末 c 过 d 怎 e 么 f 样 g ?

⑸ 很   a 现 b 在 c 我 d 汉 e 语 f 说 g 得 h 快 i 。

4 다음을 어순에 맞게 정렬해 보세요.

(1) 得 你 去 吗 早

➡ _____?

(2) 一 我 能 听 些 得 懂

➡ _____。

(3) 久 不 真 好 见

➡ _____!

(4) 在 我 现 懂 听 国 中 歌 儿 得

➡ _____。

5 다음 그림을 보고 정도보어 '得'를 넣어서 문장을 만들어 보세요.

(1)

_____。

나는 수영을 아주 잘한다.

(2)

_____。

그녀는 노래를 아주 잘 부른다.

• 부르다 : 唱 chàng

중국에 들어온 외래어들 (4)

파나소닉	松下	sōng xià	회사의 창업자인 마쓰시다(松下)의 이름을 따서 붙임
소니	索尼	suǒ ní	너를 찾는다
니콘	尼康	ní kāng	당신이 즐겁다
캐논	佳能	jiā néng	뛰어난 능력, 대단한 기술력
Benz	奔驰	bēn chí	동사 '질주하다'의 단어를 그대로 씀
BMW	宝马	bǎo mǎ	진귀하고 보배로운 말
Audi	奥迪	ào dí	더욱 그윽한 곳으로 이끈다
까르푸	家乐福	jiā lè fú	가정에 즐거움과 복이 온다
미놀타	万能达	wàn néng dǎ	모든 걸 다 이룰 수 있다
존슨&존슨	强生	qiáng shēng	강하게 산다
시바스 리갈	芝华士	zhī huá shì	고상하고 품위 있는 남자
말보로	万宝路	wàn bǎo lù	만 가지 보물길

　　중국인들이 외래어 만드는 방법에는 여러 가지가 있습니다. 우선 음을 빌고 해당 물건의 특색을 최대한 담은 글자로 구성하는 방법과, 아예 외국어의 뜻을 번역하여 한자로 만드는 방법이 있지요. 후자의 경우에는 핫도그(热狗 rè gǒu)나 햄(火腿 huǒ tuǐ) 등이 이에 해당합니다. 이미 앞서 배웠지요.

　　이왕 글자를 고를 때 발음에 맞기도 하면서 알맞은 뜻, 좋은 뜻을 고르는 게 최상인데 최근에 생긴 까르푸는 또 다른 히트작 중 하나라고 할 수 있습니다. 내 집에 즐거움과 복을 가져다주는 쇼핑센터인데 안 가고 배기겠어요? 더군다나 중국인들은 특히 복(福)에 약한 사람들이 잖아요. 위에 제시된 외래어들의 발음과 그 뜻을 살펴보면 정말 감탄사가 절로 나옵니다. 자기 민족 언어에 대한 중국인들의 자부심은 실로 대단한가 봅니다.

09

我比她更漂亮。

내가 그녀보다 더 예뻐.

我比他高。
Wǒ bǐ tā gāo.

你没有他帅。
Nǐ méi yǒu tā shuài.

这支钢笔跟那支不一样。
Zhè zhī gāng bǐ gēn nà zhī bù yí yàng.

她汉语不如你说得流利。
Tā Hàn yǔ bù rú nǐ shuō de liú lì.

새단어

· 比	bǐ	개	~보다도, ~에 비하여
· 高	gāo	형	높다, 크다, 우수하다
· 帅	shuài	형	멋있다, 세련되다
· 支	zhī	양	자루(막대 모양의 물건을 세는 말)
· 钢笔	gāng bǐ	명	펜, 만년필
· 不如	bù rú	동	~에 못 미치다, 어림도 없다
· 不一样	bù yí yàng	형	같지 않다, 다르다

해석

나는 그 사람보다 크다.

넌 그 사람만큼 멋있지 않아.

이 만년필은 저것과 다르다.

그녀는 중국어를 너만큼 유창하게 못해.

A 你 妹 妹 比 你 小 几 岁 ？
Nǐ mèi mei bǐ nǐ xiǎo jǐ suì?

▶ 네 여동생은 너보다 몇 살 어린 거야?

B 她 比 我 小 两 岁 。
Tā bǐ wǒ xiǎo liǎng suì.

▶ 나보다 두 살 어려.

A 那 你 们 俩 谁 高 ？
Nà nǐ men liǎ shéi gāo?

▶ 너희 둘 중에 누구 키가 더 커?

B 当 然 我 比 她 高 。 她 比 我 矮 两 公 分 。
Dāng rán wǒ bǐ tā gāo.　Tā bǐ wǒ ǎi liǎng gōng fēn.

▶ 당연히 내가 더 크지. 동생은 나보다 2센티미터 작아.

A 是 吗 ？ 她 有 没 有 男 朋 友 ？
Shì mɑ?　Tā yǒu méi yǒu nán péng you?

▶ 그래? 그 앤 남자친구 없어?

B 还 没 有 。 为 什 么 了 ？
Hái méi yǒu. Wèi shén me le?

▶ 아직 없어. 도대체 왜 그러는데?

A 嘿 嘿 。 那 我 怎 么 样 ？
Hēi hēi.　Nà wǒ zěn me yàng?

▶ 헤헤. 그럼 난 어떠냐?

B 不 行 ！！！
Bù xíng!!!

▶ 안 돼!!!

✎ **새단어**

- 小　　xiǎo　　[형] 작다, 어리다
- 当然　dāng rán　[부] 당연히, 물론
- 公分　gōng fēn　[양] 그램, 센티미터

- 俩　　liǎ　　[수량] 두 개, 두 사람
- 矮　　ǎi　　[형] (키가) 작다, (높이가) 낮다
- 不行　bù xíng　[형] 안 되다('不好'보다 어기가 약간 강함)

A 外边正下雪呢!
Wài bian zhèng xià xuě ne!

▶ 지금 밖에 눈 와!

B 真的吗?
Zhēn de ma?

▶ 정말?

A 嗯, 外边看吧!
Ňg, wài bian kàn ba!

▶ 응, 밖을 봐!

B 我的天啊!真的!
Wǒ de tiān a! Zhēn de!

▶ O, my God! 정말이네!

A 最近天气一天比一天冷。
Zuì jìn tiān qì yì tiān bǐ yì tiān lěng.

▶ 요즘은 정말이지 하루가 다르게 추워져.

B 今天比昨天更冷。
Jīn tiān bǐ zuó tiān gèng lěng.

▶ 오늘은 어제보다 더 춥겠어.

A 准备好了吗? 你不穿大衣吗?
Zhǔn bèi hǎo le ma? Nǐ bù chuān dà yī ma?

▶ 준비 다 됐어? 코트 안 입어?

B 好了, 好了。走吧!
Hǎo le, hǎo le. Zǒu ba!

▶ 됐어, 됐어. 가자!

✎ 새단어

- 天气 tiān qì 명 일기, 날씨
- 冷 lěng 형 춥다, 차다
- 准备 zhǔn bèi 명동 준비(하다)
- 大衣 dà yī 명 외투, 코트
- 一天 yì tiān 명 하루
- 更 gèng 부 더욱
- 穿 chuān 동 입다, 신다

그림으로 배워요!

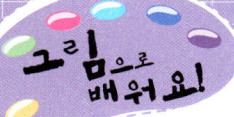

춘(春) · 하(夏) · 추(秋) · 동(冬)

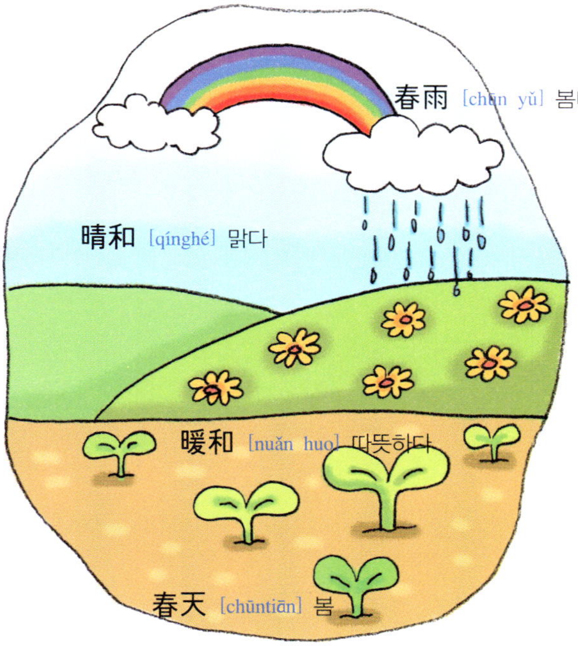
春雨 [chūn yǔ] 봄비
晴和 [qínghé] 맑다
暖和 [nuǎn huo] 따뜻하다
春天 [chūntiān] 봄

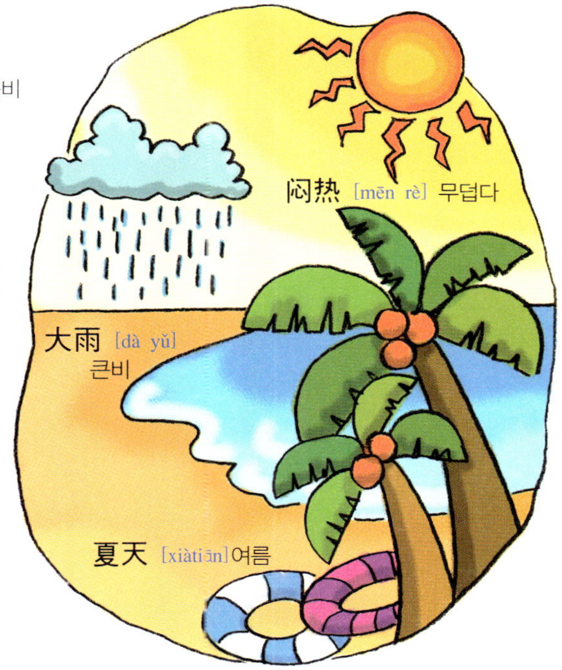
闷热 [mēn rè] 무덥다
大雨 [dà yǔ] 큰비
夏天 [xiàtiān]여름

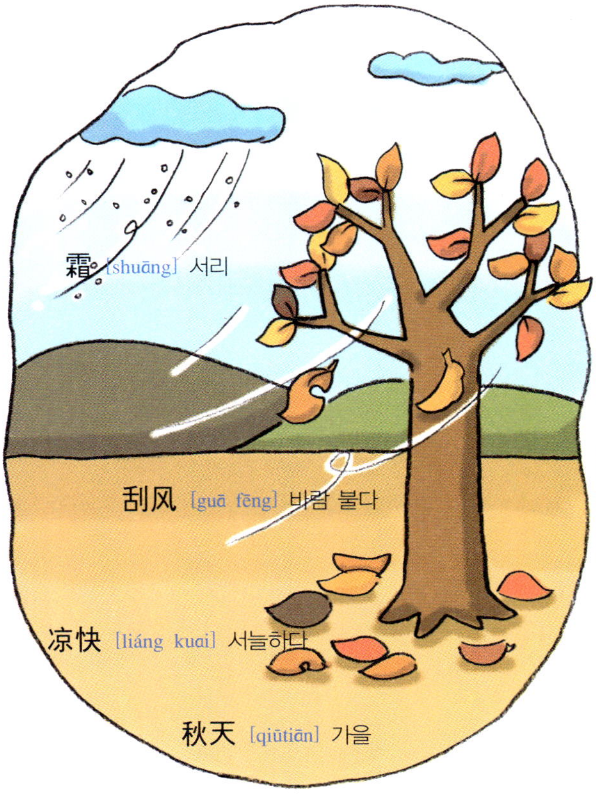
霜 [shuāng] 서리
刮风 [guā fēng] 바람 불다
凉快 [liáng kuai] 서늘하다
秋天 [qiūtiān] 가을

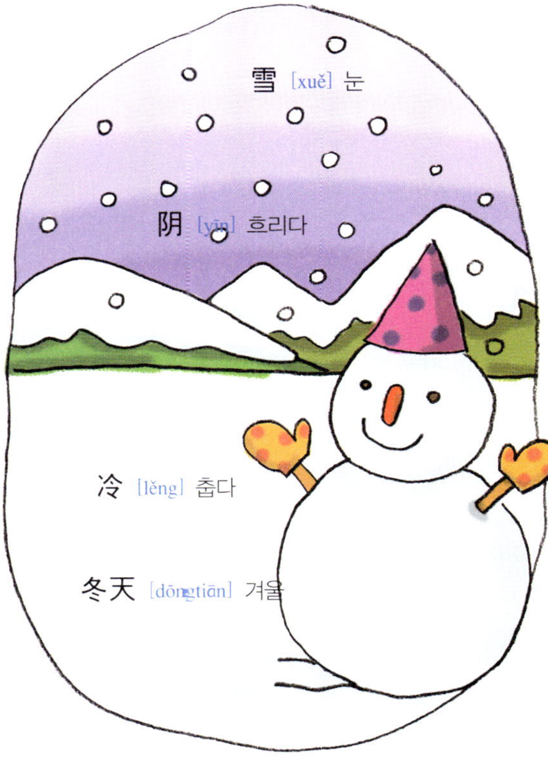
雪 [xuě] 눈
阴 [yīn] 흐리다
冷 [lěng] 춥다
冬天 [dōngtiān] 겨울

문법 다지기

1

여러 가지 비교문

⑴ 비교문 '比 bǐ' : 'A는 B보다 C(비교 내용)하다' 라고 표현할 때 씁니다.

> **A + 比 + B + 更 / 还 + C(내용)**

他比我高。
Tā bǐ wǒ gāo.
그는 나보다 크다.

我比她更漂亮。
Wǒ bǐ tā gèng piào liang.
내가 그녀보다 더 예뻐.

他比我大三岁。
Tā bǐ wǒ dà sān suì.
그는 나보다 세 살 많아.

⑵ 비교문 '不比 bù bǐ' : '比'를 부정할 때 쓰지만, 보통 비교 대상이 '差不多(거의)' 비슷하다는 의미로 받아들입니다.

你不比我高。
Nǐ bù bǐ wǒ gāo.
넌 나보다 크지 않아(넌 나랑 거의 비슷해).

⑶ 비교문 '有 yǒu' : 'A는 B만큼 C(비교 내용)하다' 라고 표현할 때 쓰입니다.

> **A + 有 + B + 这么 / 那么 + C(내용)**

今天有昨天这么冷。
Jīn yiān yǒu zuó tiān zhè me lěng.
오늘 어제만큼 춥네.

⑷ 비교문 '没有 méi yǒu' : 'A는 B만큼 C(비교 내용)하지 못하다' 라고 표현할 때 쓰입니다.

> **A + 没有 + B + 这么 / 那么 + C(내용)**

你没有他那么帅。
Nǐ méi yǒu tā nà me shuài.
넌 그 사람만큼 (그렇게) 멋지지 않아.

⑸ 비교문 '跟 gēn' : 'A는 B와 같다(다르다)' 라고 표현할 때 쓰입니다.

> **A + 跟 + B + 一样 / 不一样 + C(내용)**

我看那个跟这个都一样。   내가 보기엔 저거나 이거나 다 같은데.
Wǒ kàn nà ge gēn zhè ge dōu yí yàng.

(6) 비교문 '不如 bù rú' : 'A는 B만 못하다' 라고 표현할 대 쓰입니다.

我不如他。   나는 그 사람만 못해.
Wǒ bù rú tā.

(7) 비교문 '越来越' : '갈수록 ~해진다' 라는 뜻으로 쓰ㅇ며, 문미에 '了'가 자주 옵니다.

天气越来越冷。   날씨가 갈수록 추워지네.
Tiān qì yuè lái yuè lěng.

雪越来越大了。   눈이 점점 더 거세지고 있어.
Xuě yuè lái yuè dà le.

2 나이를 묻는 표현

보통 스스럼없는 편한 관계에서는 '几岁' 라고 물으나, 그 외에도 여러 문장들이 빈번히 사용되고 있습니다.

你几岁(了)?   너 몇 살이니?
Nǐ jǐ suì (le)?

你今年多大(了)?   올해 몇 살이야?
Nǐ jīn nián duō dà (le)?

您多大年纪(了)?   나이가 어떻게 되세요?
Nín duō dà nián jì (le)?

那个人多大岁数?   저 사람 나이가 얼마나 됐습니까?
Nà ge rén duō dà suì shu?

老大爷高寿了?   할아버지 연세가 어떻게 되세요?
Lǎo dà yé gāo shòu le?

贵甲子?   춘추가 어떻게 되십니까?
Guì jiǎ zǐ?

연습문제

1 발음과 성조에 주의하면서 따라 읽어 보세요.

(1) Xuě yuè lái yuè dà le.

(2) Wǒ kàn nà ge gēn zhè ge dōu yí yàng.

(3) Jīn tiān yǒu zuó tiān zhè me lěng.

(4) Wǒ bǐ tā gèng piào liang.

(5) Tiān qì yuè lái yuè lěng.

2 다음과 같이 알맞은 발음에 선을 그어 보세요.

(1) 不如 •   • méi yǒu   (6) 冷 •   • liǎ

(2) 准备 •   • bù rú   (7) 越 •   • guā

(3) 漂亮 •   • zhǔn bèi   (8) 刮 •   • zhī

(4) 钢笔 •   • piào liang   (9) 支 •   • yuè

(5) 没有 •   • gāng bǐ   ⑩ 俩 •   • lěng

3 다음 단어의 적당한 자리를 찾아 넣어 보세요.

(1) 如   a 我 b 汉 c 语 d 不 e 她 f 说 g 得 h 流 i 利 j 。

(2) 冷   a 最 b 近 c 天 d 气 e 一 f 天 g 比 h 一 i 天 j 。

(3) 更   a 今 b 天 c 比 d 昨 e 天 f 冷 g 。

(4) 来   a 雪 b 越 c 越 d 大 e 了 f 。

(5) 不   a 你 b 比 c 我 d 高 e 。

4 다음을 어순에 맞게 정렬해 보세요.

(1) 公 两 她 我 矮 分 比

➡ _____ 。

(2) 今 天 这 昨 天 冷 么 有

➡ _____ 。

(3) 岁 她 比 小 两 我

➡ _____ 。

(4) 们 你 谁 俩 高

➡ _____ 。

5 녹음을 듣고 그림에 맞게 빈칸을 채워 보세요.

(1)

A 你比你男朋友小几岁?

B _____ 。

(2)

A 我比他更帅?

B _____ 。

중국의 음식

　　중국 음식은 세계 어떤 곳, 어떤 사람에게나 환영 받습니다. 중국은 오랜 세월 동안 넓은 영해에서 다양한 산물과 풍부한 해산물을 얻을 수 있었으며, 이들 산해진미를 이용한 요리는 중국인들의 축적된 경험을 토대로 꾸준히 다듬고 연구·개발되어 현재는 세계적인 요리로까지 발전하게 되었습니다. 즉 폭넓은 재료의 이용, 맛의 다양성, 풍부한 영양, 손쉽고 합리적인 조리법, 풍성한 외양 등이 중국 음식으로 하여금 세계 어떤 곳, 어느 나라의 사람이든지 적응할 수 있게 해 준 것입니다.

　　우리는 가끔 외화에서 중국 음식을 즐겨 시켜 먹는 배우들을 볼 수 있습니다. 그만큼 중국 음식은 대중화되었다는 뜻으로 받아들여도 되겠지요. 중국 음식의 일반적인 특징을 살펴봅시다.

　　재료의 선택이 매우 자유롭고 광범위합니다.
　　맛이 다양하고 풍부합니다.
　　조리 기구가 간단하고 사용이 용이합니다.
　　기름을 합리적으로 많이 사용합니다.
　　조미료와 향신료의 종류가 풍부합니다.
　　외양이 풍요롭고 화려합니다(중국 음식에는 몇 인분이라는 말이 없습니다).

　　또한, 요리와 함께 빠뜨릴 수 없는 것이 차(茶)입니다. 중국의 가정을 방문하게 되면 가장 먼저 나오는 것이 차 대접입니다. 식당에서 식사를 하게 되면 맨 먼저 공짜로 나오는 것은 물이 아니라 차거든요. 중국인들은 아침부터 저녁까지 뜨거운 차를 담은 보온병은 옆에 끼고 다니며, 차병을 안 가지고 다니는 사람은 거의 없을 정도입니다. 중국인들의 유별난 차(茶) 사랑, 정말 대단합니다.

　　중국인들이 이토록 차를 중시하는 습관이 생긴 것은 단지 중국의 물이 좋지 않기 때문만은 아닙니다. 여기에는 불교적 의식이 남아 있는 탓인데, 불교가 번성했던 당나라 때부터 차 마시는 습관은 일반인에게까지 퍼졌다고 합니다. 기름이 많이 사용되면서 발생되는 음식의 산성화 경향은 중국인의 건강에 치명적일 수 있는데, 바로 이 차가 산성화를 중화시키는 역할을 하게 되는 거지요. 기름기 많은 음식을 즐겨 먹는 중국인들이지만 심각한 사회적 비만 현상이 두드러지지 않는 이유도 차 마시는 습관과 관련이 있다고 볼 수 있겠습니다.

10

我有男朋友了。

나 남자친구 생겼어.

我跟朋友们一起喝酒了。
Wǒ gēn péng you men yì qǐ hē jiǔ le.

你的考试通过了吗？
Nǐ de kǎo shì tōng guò le mɑ?

要下雨了，快走吧。
Yào xià yǔ le, kuài zǒu bɑ

已经冬天了。
Yǐ jīng dōng tiān le

새단어

- 喝   hē   동 마시다
- 酒   jiǔ   명 술
- 考试   kǎo shì   명 시험
- 通过   tōng guò   동 통과하다, 지나가다
- 下雨   xià yǔ   동 비가 내리다
- 快   kuài   부 머지않아, 곧
- 已经   Yǐ jīng   부 벌써, 이미

해석

나 친구들하고 술 마셨어.

너 시험은 통과했니?

비가 곧 쏟아질 것 같아, 어서 가자.

벌써 겨울이네요.

A 你 去 哪 儿 了 ？
Nǐ qù nǎr le?
▶ 너 어디 갔었어?

B 你 给 我 打 电 话 了 吗 ？
Nǐ gěi wǒ dǎ diàn huà le ma?
▶ 나한테 전화했었어?

A 对 呀 ！快 说 吧 ！你 去 哪 儿 了 ？
Duì ya! Kuài shuō ba! Nǐ qù nǎr le?
▶ 그래! 빨리 말해! 어디 갔었냐니까?

B 我 去 洗 手 间 了 ，不 行 吗 ？
Wǒ qù xǐ shǒu jiān le, bù xíng ma?
▶ 화장실에 갔었다, 됐나?

A 真 的 吗 ？起 誓 了 吗 ？
Zhēn de ma? Qǐ shì le ma?
▶ 정말이지? 맹세해?

B 我 起 誓 了 ！
Wǒ qǐ shì le!
▶ 맹세해!

A 嗯 ，那 你 为 什 么 生 我 的 气 呀 ？
Ng, nà nǐ wèi shén me shēng wǒ de qì ya?
▶ 응, 근데 왜 화를 내니?

B 好 了 ，对 不 起 。
Hǎo le, duì bu qǐ.
▶ 알았다고, 미안해.

A 行 了 。
Xíng le.
▶ 됐어.

 새단어

- **呀**   ya   조 문미에 오는 어기사(의문·권유·기원 등)
- **起誓**   qǐ shì   동 맹세하다, 서약하다
- **洗手间**   xǐ shǒu jiān   명 화장실
- **生气**   shēng qì   동 화내다

A 吃 饭 了 没 有 ？
Chī fàn le méi you?

▶ 밥 먹었어?

B 还 没 吃 呢。
Hái méi chī ne

▶ 아니 아직.

A 我 也 没 吃。肚 子 饿 不 饿 ？
Wǒ yě méi chī.　Dù zi è bu è?

▶ 나도 안 먹었는데. 배 안 고파?

B 饿 死 了。
È sǐ le.

▶ 배고파 죽을 것 같아.

A 咱 们 一 起 去 这 儿 附 近 有 饭 馆 儿，
Zán men yì qǐ qù zhèr fù jìn yǒu fàn guǎnr,

怎 么 样 ？
zěn me yàng?

▶ 우리 같이 요 근처 식당에 갈까, 어때?

B 好。现 在 去 吗 ？
Hǎo.　Xiàn zài qù ma?

▶ 좋아. 지금 갈까?

A 快 去 吧。现 在 什 么 都 能 吃 ！
Kuài zǒu ba.　Xiàn zài shén me dōu néng chī!

▶ 얼른 가자. 지금 뭐라도 씹어 먹을 수 있을 것 같아.

B 真 的 那 么 饿 ？
Zhēn de nà me è?

▶ 정말 그렇게 배고파?

 새단어

• 肚子 dù zi　명 배, 복부
• 饿 è　형 배고프다

• 咱们　zán men　대 우리(1인칭과 2인칭을 포함)
• 饭馆(儿) fàn guǎn(r) 명 식당

각종 과일과 채소

黄瓜 [huáng guā] 오이

南瓜 [nán guā] 호박

萝卜 [luó bo] 무

辣椒 [là jiāo] 고추

葱 [cōng] 파

胡萝卜 [hú luó bo] 당근

蒜 [suàn] 마늘

白菜 [bái cài] 배추

苹果 [píng guǒ] 사과

橘子 [jú zi] 귤

柿子 [shì zi] 감

甜瓜 [tián guā] 참외

梨 [lí] 배

葡萄 [pú táo] 포도

香蕉 [xiāng jiāo] 바나나

西瓜 [xī guā] 수박

문법 다지기

1 어기 조사 '了' (1)

문미에 쓰여 어떤 일이 이미 발생했음을 나타냅니다. 아래를 비교하면서 확인해 보면 '了'가 있을 때와 없을 때의 그 차이를 금방 알 수 있습니다.

你去哪儿？ 어디 가? Nǐ qù nǎr?	你去哪儿了？ 어디 갔었어? Nǐ qù nǎr le?
我吃饭。　나 밥 먹어. Wǒ chī fàn.	我吃饭了。　나 밥 먹었어. Wǒ chī fàn le.
我买一件大衣。 코트 하나 사려고. Wǒ mǎi yí jiàn dà yī.	我买一件大衣了。 코트 하나 샀어. Wǒ mǎi yí jiàn dà yī le.

(1) 긍정형

> **주어 + (부사어) + 동사 + (관형어) + 목적어 + 了**

我去百货商店了。　　　　나 백화점 갔었어.
Wǒ qù bǎi huò shāng diàn le.

他们俩已经结婚了。　　　그 둘 벌써 결혼했어.
Tā men liǎ yǐ jing jié hūn le.

(2) 부정형

> **주어 + (还) + 没(有) + 동사 + 목적어 + (呢)**

昨天他没回中国。　　　　어제 그는 중국에 돌아가지 않았어요.
Zuó tiān tā méi huí Zhōng guó.

他还没吃饭呢。　　　　　그는 아직 밥을 먹지 못했어요.
Tā hái méi chī fàn ne.

2 어기 조사 '了' (2)

상황의 변화, 새로운 상황의 출현을 나타낼 때 쓰기도 합니다.

······ 동사 / 형용사 + 了

你现在累了吧?
Nǐ xiàn zài lèi le ba?

너 지금 피곤해지?

你说的话我明白了。
Nǐ shuō de huà wǒ míng bai le.

네 말 알아들었어.

······ 명사 + 了

冬天了。
Dōng tiān le.

겨울이네요.

明年我二十七岁了。
Míng nián wǒ èr shí qī suì le.

내년이면 저 스물일곱이에요.

······ 有 / 没有 + 了

我有男朋友了。
Wǒ yǒu nán péng you le.

나 남자친구 생겼어.

钱没了。
Qián méi le.

돈을 다 써 버렸어.

······ 不 / 不是 + 了

对不起, 我已经不是以前的我了。   미안한데, 난 이미 예전의 내가 아니거든.
Duì bu qǐ,   wǒ yǐ jing bú shì yǐ qián de wǒ le.

不去了。
Bú qù le.

안 가.

快要 / 快 / 要 / 就要 + 了

冬天要来了。
Dōng tiān yào lái le.

곧 겨울이 올 것 같아요.

快要上课了!
Kuài yào shàng kè le!

수업 시작한다!

今天就要下雪了。
Jīn tiān jiù yào xià xuě le.

오늘 꼭 눈 올 것 같아.

연습문제

1 발음과 성조에 주의하면서 따라 읽어 보세요.

(1) Dōng tiān yào lái le.

(2) Míng nián wǒ yǐ jīng èr shí qī suì le.

(3) Tā men liǎ yǐ jīng jié hūn le.

(4) Tā hái méi chī fàn ne.

(5) Nǐ xiàn zài lèi le ba?

2 다음과 같이 알맞은 발음에 선을 그어 보세요.

(1) 结婚 •   • shàng kè
(2) 上课 •   • xià xuě
(3) 回国 •   • huí guó
(4) 已经 •   • yǐ jīng
(5) 下雪 •   • jié hūn

(6) 以前 •   • kǎo shì
(7) 起誓 •   • tōng guò
(8) 通过 •   • yǐ qián
(9) 冬天 •   • dōng tiān
(10) 考试 •   • qǐ shì

3 다음 단어의 적당한 자리를 찾아 넣어 보세요.

(1) 件   a 我 b 买 c 一 d 大 e 衣 f 了 g 。

(2) 喝   a 我 b 跟 c 朋 d 友 e 们 f 一 g 起 h 酒 i 了 j 。

(3) 了   a 你 b 给 c 我 d 打 e 电 f 话 g 吗 h ？

(4) 快   a 要 b 上 c 课 d 了 e ！

(5) 了   a 他 b 已 c 经 d 毕 e 业 f 。

4 다음을 어순에 맞게 정렬해 보세요.

(1) 们 咱 起 一 有 去 附 饭 近 馆 这

➡ _____ !

(2) 年 我 今 六 岁 了 二 十 (26세)

➡ _____ 。

(3) 图 书 馆 了 我 去

➡ _____ 。

(4) 的 考 你 通 了 试 过 吗

➡ _____ ?

5 녹음을 듣고 그림에 맞게 빈칸을 채워 보세요.

(1)

_____ 。

(已经~了를 이용해서)

(2)

_____ 。

(已经~了를 이용해서)

베이징北京의 한국인 거리

중국인들도 베이징에 사는 것이 꿈인 것처럼, 많은 한국의 유학생들도 베이징에서 유학 생활하기를 희망합니다. 특히 베이징은 중국의 수도로서 정치, 경제, 학문의 중심이기 때문에 정보를 얻기에 가장 적절한 장소이고, 또 명문 대학인 베이징北京 대학과 칭화淸貨 대학이 모두 이곳에 위치하고 있기 때문입니다. 베이징 대학 옆에 칭화 대학, 조금 더 가면 런민人民 대학, 위옌语言 문화대학, 스판师范 대학이 다 근접해 있습니다.

북경대, 청화대, 어언대 부근에 우다오커우(五道口)라고 불리는 한국인들의 집단 거주지가 있습니다. 수많은 한국 유학생들이 이곳에서 유학 생활을 만끽하고 있으며 한국인들을 위한 가게와 식당, 노래방은 물론, 전문 기숙사도 있습니다. 거리 곳곳마다 한국인과 한국 물품들로 가득 차, 이곳이 한국인지 중국인지 헷갈릴 정도라고 합니다. 베이징에는 한국 유학생들을 받는 학교들이 많고 HSK를 위한 학원이나 정보들도 많기 때문에 조기 유학생들은 꽤 선호하는 편입니다. 특히 각 대학의 경우, 외국인 대학 입학 시험이 행해지기 한두 달 전에 입학 시험 고시반 수업이 열리기 때문에 다른 지역에 있으면 얻을 수 없었을 뻔한 정보를 얻을 수 있습니다.

그러나 그리 꿈의 도시는 아닙니다. 다른 지역에 비해 물가도 몇 배나 비싸며, 또한 많은 한국인들이 거주하고 있어서 독한 마음을 먹지 않으면 한국인들끼리만 어울려 다니게 되어 결국은 별로 이득을 얻지 못하는 불상사가 생길 수도 있습니다.

중국을 처음 방문하는 한국인들은 꼭 한번 베이징北京의 한국인 거리, 우다오커우(五道口)를 방문해 보길 권장합니다.

11

我跟他分道扬镳了。

그와 난 끝났어.

昨 天 我 看 了 一 部 电 影。
Zuó tiān wǒ kàn le yí bù diàn yǐng.

我 买 了 一 条 牛 仔 裤。
Wǒ mǎi le yì tiáo niú zǎi kù.

我 学 了 三 年 的 中 国 语。
Wǒ xué le sān nián de Zhōng guó yǔ.

路 上 我 捡 了 一 百 块 钱。
Lù shang wǒ jiǎn le yì bǎi kuài qián.

새단어

- 电影 diàn yǐng 명 영화
- 买 mǎi 동 사다
- 路上 lù shang 명 도중, 길
- 捡 jiǎn 동 줍다
- 部 bù 양 서책이나 영화 등을 세는 말
- 条 tiáo 양 가늘고 긴 물건을 세는 말
- 块 kuài 양 화폐의 단위(元에 해당함)
- 牛仔裤 niú zǎi kù 명 진(jeans), 청바지

해석

어제 나는 영화 한 편을 보았습니다.

나는 청바지를 하나 샀습니다.

나는 3년 동안 중국어를 배웠습니다.

길에서 100위안을 주웠어요.

A　你 最 近 怎 么 样 ？
　　Nǐ zuì jìn zěn me yàng?

▶ 요새 어떻게 지냈어?

B　咱 们 在 这 儿 分 手 吧 。
　　Zán men zài zhèr fēn shǒu ba.

▶ 우리 그만 헤어지자.

A　你 是 开 玩 笑 吧 ？
　　Nǐ shì kāi wán xiào ba?

▶ 농담하는 거지?

B　不 是 玩 笑 , 是 真 的 。 我 有 别 的 了 。
　　Bú shì wán xiào, shì zhēn de. Wǒ yǒu bié de le.

▶ 농담 아냐, 진심이야. 나 다른 사람이 생겼어.

A　假 话……。
　　Jiǎ huà…….

▶ 거짓말…….

B　就 这 样 。 你 跟 我 分 道 扬 镳 了 。
　　Jiù zhè yàng. Nǐ gēn wǒ fēn dào yáng biāo le.

▶ 이게 다야. 너와 나는 이제 끝났어.

A　我 太 爱 你 了 。 没 有 你 , 我 活 不 下 去 。
　　Wǒ tài ài nǐ le. Méi yǒu nǐ, wǒ huó bú xià qù.

▶ 나 너를 너무 사랑해서, 너 없인 살 수가 없어.

B　咱 们 结 束 了 。
　　Zán men jié shù le.

　　咱 们 之 间 什 么 关 系 也 没 有 了 。
　　Zán men zhī jiān shén me guān xi yě méi yǒu le.

▶ 우리 사이는 끝났어.
우린 이제 아무 상관없는 거야.

 **새단어**

- **关系** guān xi 〔명〕 관계
- **分手** fēn shǒu 〔통〕 갈라서다, 결별하다
- **别的** bié de 〔명〕 다른 사람, 다른 것
- **之** zhī 〔조〕 ~의('的'와 같은 작용을 함)
- **不下去** bú xià qù 〔접미〕 ~할 수 없다('下去'의 불가능형)
- **分道扬镳** fēn dào yáng biāo 〔성〕 각자 자기의 길을 가다

- **玩笑** wán xiào 〔명〕〔통〕 농담(하다)
- **假话** jiǎ huà 〔명〕 거짓말
- **间** jiān 〔명〕 사이, 중간
- **活** huó 〔통〕 살아가다
- **结束** jié shù 〔통〕 결말을 짓다, 끝내다

DIALOGUE 2
노총각의 애환

A 最近 我 被 妈 妈 管 得 可 严 了。
Zuì jìn wǒ bèi mā ma guǎn de kě yán le.

▶ 요즘에 나 엄마한테 잡혀 살고 있어.

B 你 是 没 长 大 的 男 孩。 哧 哧。
Nǐ shì méi zhǎng dà de nán hái. Chī chi.

▶ 너 덜 컸구나(마마보이구나). 낄낄.

A 我 已 厌 倦 独 身 生 活 了。 给 我 介 绍
Wǒ yǐ yàn juàn dú shēn shēng huó le. Gěi wǒ jiè shào

一 个 对 象 吧。
yí ge duì xiàng ba.

▶ 이제 혼자 사는 게 지겨워. 누구 좀 소개시켜줘.

B 上 次, 她 呢？
Shàng cì, tā ne?

▶ 먼젓번에, 그녀는?

A 谁 啊？
Shéi a?

▶ 누구?

B 你 们 还 没 订 结 婚 的 日 子？
Nǐ men hái méi dìng jié hūn de rì zi?

▶ 너희 아직 결혼 날짜 안 잡았어?

A 啊, 结 婚 取 消 了。 这 次 是 永 远 分 手 了。
Ā, jié hūn qǔ xiāo le. Zhè cì shì yǒng yuǎn fēn shǒu le.

▶ 아, 결혼 취소됐어. 이번엔 영원히 헤어진 거야.

B 你 什 么 时 候 结 婚？ 已 经 四 十 岁 了。
Nǐ shén me shí hòu jié hūn? Yǐ jīng sì shí suì le.

▶ 너 언제 결혼할래? 벌써 마흔이잖아.

✏️ 새단어

- **管** guǎn 〔동〕 관리하다, 관여하다
- **哧哧** chī chi 〔의〕 낄낄
- **生活** shēng huó 〔명〕 생활
- **日子** rì zi 〔명〕 날, 일수, 날짜
- **永远** yǒng yuǎn 〔형〕 영원하다

- **严** yán 〔형〕 엄하다, 심하다
- **厌倦** yàn juàn 〔동〕 물려서 싫증이 나다
- **上次** shàng cì 〔명〕 지난번, 먼젓번
- **取消** qǔ xiāo 〔동〕 취소하다, 없애다
- **对象** duì xiàng 〔명〕 결혼·연애의 상대, 연인

- **男孩** nán hái 〔명〕 남자아이
- **独身** dú shēn 〔명〕 독신, 홀몸
- **订** dìng 〔동〕 정하다

그림으로 배워요!

각종 의복의 종류

帽子 [mào zi] 모자

男衬衫 [nán chèn shān] 와이셔츠

牛仔裤 [niú zǐ kù] 청바지

毛衣 [máo yī] 스웨터

女衬衫 [nǚ chèn shān] 블라우스

手套 [shǒu tào] 장갑

连衣裙 [lián yī qún] 원피스

裙子 [qún zi] 치마

袜子 [wà zi] 양말

11. 我跟他分道扬镳了。그와 난 끝났어

127

문법 다지기

1

동태조사 "了"

동사의 뒤에 쓰여 동작이 처해 있는 상태, 즉 동작의 완료를 말해 줍니다. 보통 동태조사 '了' 뒤에는 '수량 구조' 같은 수식어가 따라옵니다.

(1) 긍정형

> **주어 + 부사어 + 동사 + 了 + (수량) 관형어 + 목적어**

我 吃 了 很 多 菜。   저는 많이 먹었습니다.
Wǒ chī le hěn duō cài.

我 哥 哥 在 书 店 买 了 一 本 汉 语 词 典。
Wǒ gē ge zài shū diàn mǎi le yì běn Hàn yǔ cí diǎn.
우리 형이 서점에서 중국어 사전 한 권 사왔어.

> **전치목적어 + 주어 + 부사어 + 동사 + 了**

这 件 衣 服 我 很 喜 欢。   이 옷을 나는 참 좋아해.
Zhè jiàn yī fu wǒ hěn xǐ huan.

毛 衣 和 提 包 她 们 都 买 去 了。   스웨터며 핸드백이며 그녀들이 모두 사 갔어요.
Máo yī hé tí bāo tā men dōu mǎi qù le.

(2) 부정형 : 어기조사 '了'의 용법과 같습니다.

> **주어 + 没(有) + 동사 + 목적어**

我 没 买 那 本 书。   나는 그 책을 사지 않았어요.
Wǒ méi mǎi nà běn shū.

我 没 预 售 那 部 电 影, 怎 么 办 好 呢?
Wǒ méi yù shòu nà bù diàn yǐng, zěn me bàn hǎo ne?
나 그 영화 예매하지 못했어요, 어떡하면 좋죠?

> **주어 + 还 + 没(有) + 동사 + 목적어 + 呢**

看 来 他 还 没 买 手 机 呢。   그는 아직 핸드폰을 사지 않은 것 같아요.
Kàn lai tā hái méi mǎi shǒu jī ne.

我还没看那部电影呢。　　　　나는 아직 그 영화를 보지 못했어요.
Wǒ hái méi kàn nà bù diàn yǐng.

(3) 의문형

你买词典了吗?　　　　너 사전 샀어?
Nǐ mǎi cí diǎn le ma?

→我买了一本词典。　　　　나 사전 한 권 샀어.
Wǒ mǎi le yì běn cí diǎn.

你看见他了没有?　　　　너 그 사람 봤어?
Nǐ kàn jian tā le méi yǒu?

→我看见他了。　　　　나 그 사람 봤어.
Wǒ kàn jian tā le.

→我没看见他。　　　　나 그 사람 못 봤는데.
Wǒ méi kàn jian tā.

昨天你看那部电影了吗?　　　　어제 너 저 영화 봤니?
Zuó tiān nǐ kàn nà bù diàn yǐng le ma?

→我没看那部电影，看了这部电影。
Wǒ méi kàn nà bù diàn yǐng, kàn le zhè bù diàn yǐng.
저 영화는 못 봤고, 이 영화 봤어.

2

"就" **용법 :** ~하자마자, 바로

동사 + 了 + 목적어 + 就 + (다음 동작)

다음 동작이 첫 번째 동작에 이어 바로 발생할 때 쓰는 형식입니다. 보통 '了'로 하나의 동작이 완료된 후, 이어서 '就' 뒤에 다음 동작이 나오게 됩니다.

我吃了午饭就给你打电话。　　내가 점심 먹고 너한테 전화할게.
Wǒ chī le wǔ fàn jiù gěi nǐ dǎ diàn huà.

晚上我下了班就去找你。　　저녁에 내가 퇴근하는 대로 널 찾아갈게.
Wǎn shang wǒ xià le bān jiù qù zhǎo nǐ.

연습문제

1 발음과 성조에 주의하면서 따라 읽어 보세요.

⑴ Zhè jiàn yī fu wǒ hěn xǐ huan.

⑵ Kàn lai tā hái méi mǎi shǒu jī ne.

⑶ Wǒ gē ge zài shū diàn mǎi le yì běn Hàn yǔ cí diǎn.

⑷ Wǒ méi mǎi nà běn shū.

⑸ Wǒ hái méi kàn nà bù diàn yǐng ne.

2 다음과 같이 알맞은 발음에 선을 그어 보세요.

⑴ 裙子 •	• tí bāo	⑹ 预售 •	• qǔ xiāo
⑵ 裤子 •	• kù zi	⑺ 手机 •	• guān xi
⑶ 假话 •	• jiǎ huà	⑻ 取消 •	• jié shù
⑷ 对象 •	• qún zi	⑼ 关系 •	• shǒu jī
⑸ 提包 •	• duì xiàng	⑽ 结束 •	• yù shòu

3 다음 단어의 적당한 자리를 찾아 넣어 보세요.

⑴ 去　　a 毛 b 衣 c 和 d 提 e 包 f 她 g 们 h 都 i 买 j 了 k 。

⑵ 不　　a 没 b 有 c 你 d , e 我 f 活 g 下 h 去 i 。

⑶ 什么　a 你 b 时 c 候 d 结 e 婚 f ?

⑷ 了　　a 我 b 学 c 一 d 年 e 的 f 中 g 国 h 语 i 。

⑸ 道　　a 你 b 跟 c 我 d 分 e 扬 f 镳 g 了 h 。

4 다음을 어순에 맞게 정렬해 보세요.

(1) 我 部 看 了 电 昨 影 天 一

➡ _____ 。

(2) 咱 在 们 这 分 吧 手 儿

➡ _____ 。

(3) 么 你 近 样 最 怎

➡ _____ ?

(4) 了 我 路 捡 千 块 钱 一 上

➡ _____ 。

5 녹음을 듣고 그림에 맞게 빈칸을 채워 보세요.

(1)

A 你买什么了?

B _____ 。

(2)

A 你昨天看了电影没有?

B _____ , _____ 。

사전에 없는 요즘 중국어

　　어떤 외국어든 공부할 때 꼭 필수적인 것이 바로 사전입니다. 사전 없이 중국어의 달인이 되겠다는 희망은 그야말로 어리석은 판단이지요.

　　그러나 사전에 없는 단어들도 있습니다. 중국의 젊은 세대들이 주로 쓰는 단어들은 우리 나라의 은어와도 같아서 사전에서는 찾아보기 힘듭니다. 표준어가 아니기 때문에 문서화된 책에는 나오지 않는 거지요. 하지만 지금 중국의 신세대들 사이에서는 유행처럼 번지는 구어(口語)들이 사용되고 있기 때문에 오히려 사전보다 회화에 있어서 더 유리할 수도 있습니다. 예를 들어 '마담' 같은 단어의 경우는 사전에서 '老板娘 lǎo bǎn niáng'으로 중국어를 찾을 수도 있습니다. 그러나 요즘 중국 사람들은 '老板娘' 대신 '吧娘 bā niǎng'을 더 많이 쓰고 있거든요.

　　사전에서는 찾아볼 수 없었던 몇몇 중국어를 재미있는 삽화와 함께 배워 봅시다.

发屋 [fà wū] 미용실　　吧娘 [bā niáng] (술집) 마담　　基佬 [jī lǎo] 게이

小人蛇 [xiǎo rén shé] 미성년 밀항자　　美京 [Měi jīng] 워싱턴(미국 수도)　　气管炎 [qì guǎn yán] 공처가

情人节 [qíng rén jié] 발렌타인 데이　　礼仪人员 [lǐ yí rén yuán] 도우미　　下海 [xià hǎi] 돈벌이에 뛰어드는 것

12

雪不停地下着。

눈이 쉬지 않고 내리고 있네요.

她 站 着 讲 话。
Tā zhàn zhe jiǎng huà.

我 们 在 等 着 经 理 呢。
Wǒ men zài děng zhe jīng lǐ ne.

我 走 着 下 班。
Wǒ zǒu zhe xià bān.

他 们 俩 在 吃 着 饭 聊 天 儿。
Tā men liǎ zài chī zhe fàn liáo tiānr.

새단어

• 唱歌 chàng gē 통 노래 부르다
• 经理 jīng lǐ 명 지배인, 사장
• 聊天儿 liáo tiānr 통 잡담을 하다
• 着 zhe 조 ~하고 있다, ~하면서(동사 뒤에서 계속 · 진행을 나타냄)

해석

그녀가 서서 이야기를 하네요.

우리는 사장님을 기다리는 중입니다.

저는 걸어서 퇴근합니다.

그 둘은 지금 밥 먹으면서 수다 떨고 있어요.

A 她 穿 着 什 么？
Tā chuān zhe shén me?

▶ 그녀는 뭘 입고 있니?

B 穿 着 连 衣 裙。
Chuān zhe lián yī qún.

▶ 원피스 입고 있어.

A 戴 着 眼 镜 儿？
Dài zhe yǎn jìngr?

▶ 안경 낀 사람이야?

B 没 戴 着。
Méi dài zhe.

▶ 아니, 안 꼈어.

A 啊，那 个 女 人？ 真 漂 亮。
Ā, nà ge nǚ rén? Zhēn piào liang.

▶ 아, 저 여자? 진짜 예쁘다.

B 是 吗？ 你 对 她 说 实 话 呢。
Shì ma? Nǐ duì tā shuō shí huà ne.

▶ 그치? 그녀에게 솔직하게 대시해 봐.

A 我 太 害 怕，不 敢 一 个 人 走。
Wǒ tài hài pà, bù gǎn yí ge rén zǒu.

▶ 너무 겁나서 혼자는 도저히 못 가겠어.

B 别 开 玩 笑。
Bié kāi wán xiào.

▶ 웃기는 소리 마.

✎ 새단어

- **戴** dài 　동 쓰다, 이다, 착용하다
- **漂亮** piào liang 　형 예쁘다, 아름답다
- **害怕** hài pà 　동 무서워(두려워)하다, 겁을 먹다
- **眼镜(儿)** yǎn jìng(r) 　명 안경
- **实话** shí huà 　명 사실, 솔직한 말
- **不敢** bù gǎn 　동 감히 ~하려 들지 않다

A 你 等 着 谁?
Nǐ děng zhe shéi?

▶ 누구 기다리시나요?

B 我 正 在 等 着 你 呢。
Wǒ zhèng zài děng zhe nǐ ne.

▶ 당신을 기다리고 있었어요.

A 你 等 我 有 事 吗?
Nǐ děng wǒ yǒu shì ma?

▶ 저를 기다리실 일이라도?

B 没 有 什 么 事……。
Méi yǒu shén me shì…….

▶ 별일은 없는데…….

A 那 么 你 还 等 着 什 么?
Nà me nǐ hái děng zhe shén me?

▶ 그럼 무엇 때문에 아직도 기다리신 거죠?

B 等 着 你 一 起 下 班。
Děng zhe nǐ yì qǐ xià bān.

▶ 당신과 함께 퇴근하려고 기다렸어요.

A 是 吗? 还 下 着 大 雨 呢。
shì ma?　　Hái xià zhe dà yǔ ne.

那 么 在 等 一 会 儿 下 班 吧。
Nà me zài děng yí huìr xià bān ba.

▶ 그래요? 아직도 비가 많이 내리고 있네요. 그럼 좀더 기다렸다가 퇴근 하시죠.

B 好 吧。 啊, 好 冷!
Hǎo ba.　　Ā, hǎo lèng!

▶ 그래요. 아, 춥다!

 새단어

• 大雨 dà yǔ　명 호우, 큰비

그림으로 배워요!

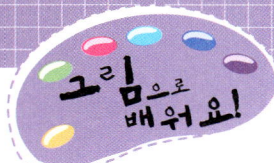

각종 운동들

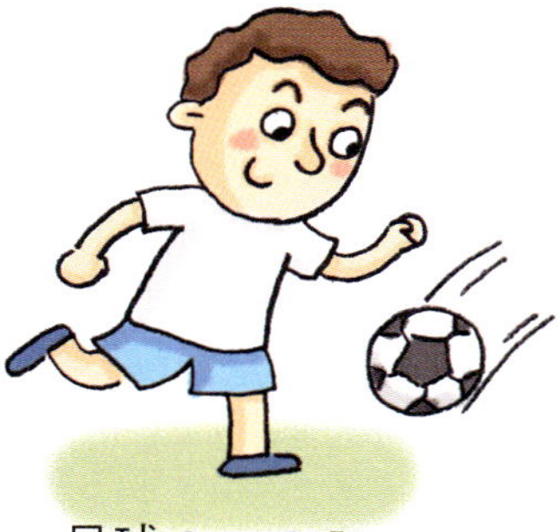

足球 [zú qiú] 축구

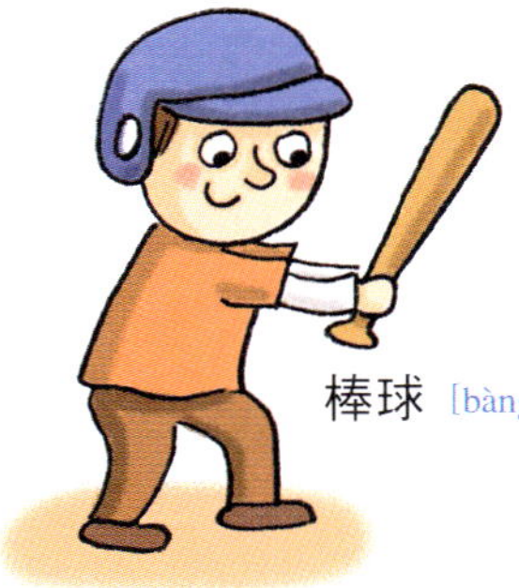

棒球 [bàng qiú] 야구

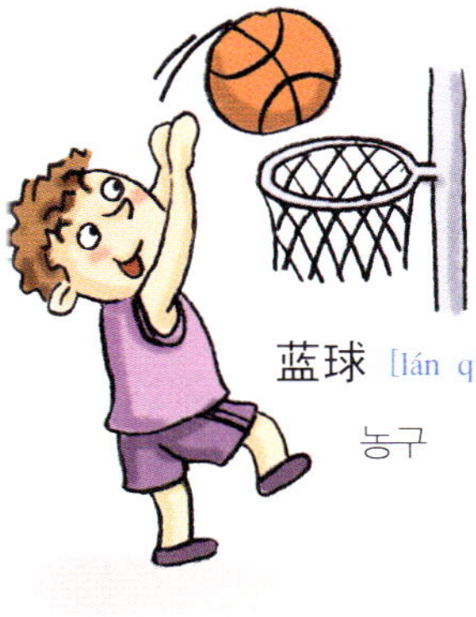

蓝球 [lán qiú] 농구

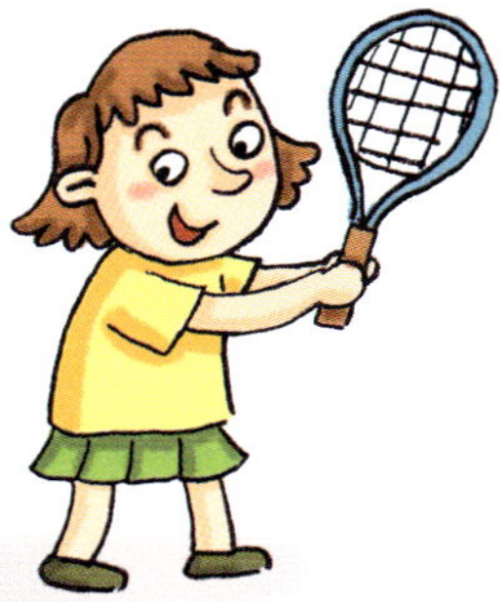

网球 [wǎng qiú] 테니스

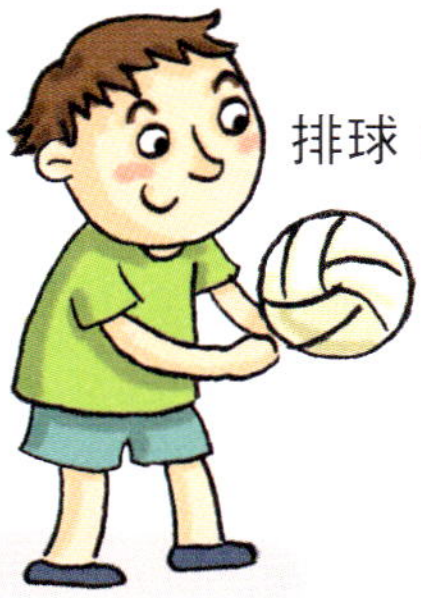

排球 [pái qiú] 배구

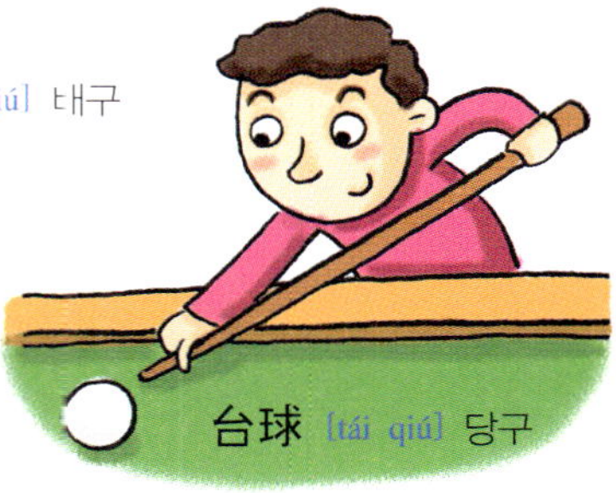

台球 [tái qiú] 당구

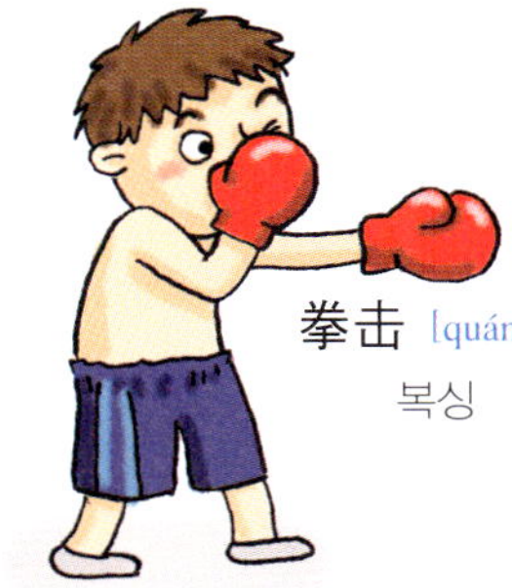

拳击 [quán jī] 복싱

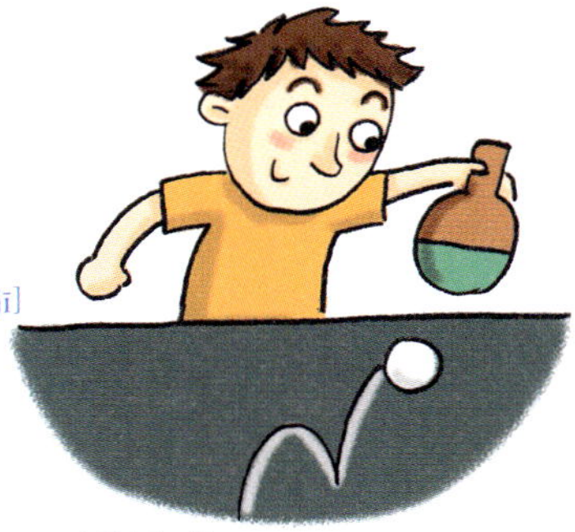

乒乓球 [pīng pāng qiú] 탁구

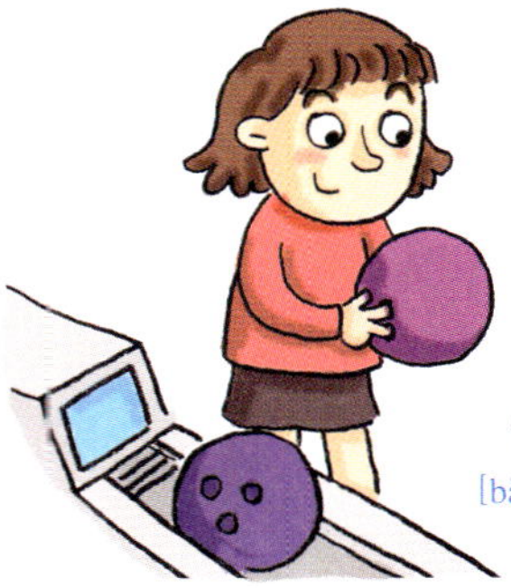

保龄球 [bǎo líng qiú] 볼링

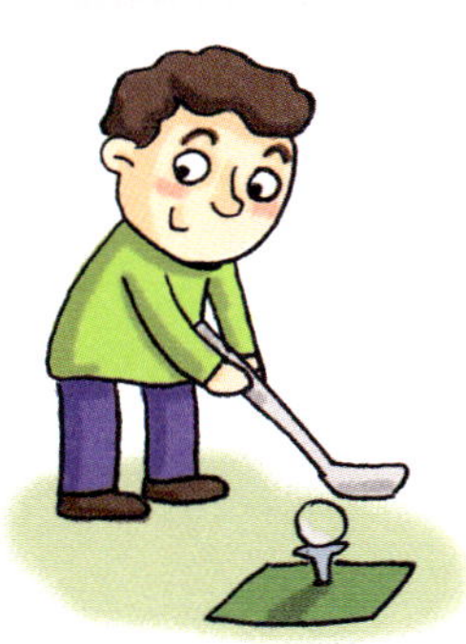

高尔夫球 [gāo ěr fū qiú] 골프

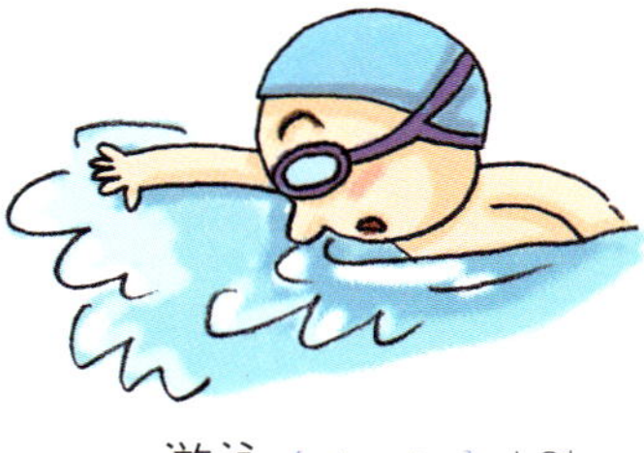

游泳 [yóu yǒng] 수영

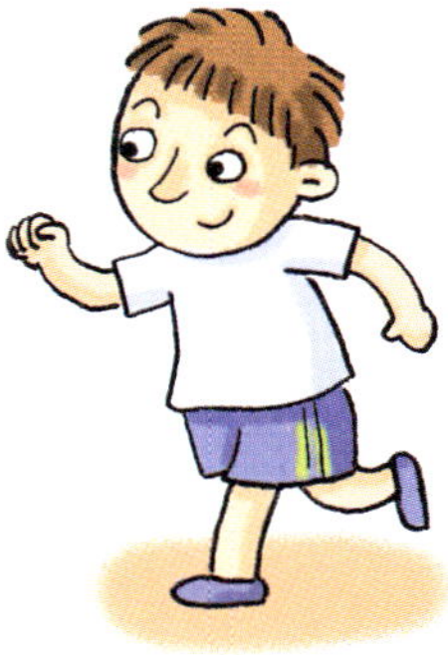

跑步 [pǎo bù] 조깅

문법 다지기

1

동태조사 '着'

(1) 긍정형

① 동작의 지속 : 주체는 주로 사람이나 동물입니다. 진행형과 함께 쓰일 수도 있습니다.

雨 不 停 地 下 着。
Yǔ bù tíng de xià zhe.
비가 쉬지 않고 내리고 있네요.

她 正 学 着 汉 语 呢。
Tā zhèng xué zhe Hàn yǔ ne.
그녀는 지금 중국어를 공부하는 중입니다.

他 还 穿 着 大 衣。
Tā hái chuān zhe dà yī.
그는 아직도 외투를 입고 있습니다.

② 상태의 지속 : 주체는 주로 사물입니다.

窗 户 开 着。
Chuāng hu kāi zhe.
창문이 열려 있네.

门 关 着。
Mén guān zhe.
문이 닫혀 있네.

电 脑 开 着。
Diàn nǎo kāi zhe.
컴퓨터가 켜져 있네.

③ 동작의 방식 : '着'를 사이에 두고 2개의 동사가 와서 '~하면서 …하다' 라는 문장
을 표현하게 됩니다.

我 正 躺 着 看 电 视。
Wǒ zhèng tǎng zhe kàn diàn shì.
나 지금 누워서 텔레비전 보고 있어.

我 走 着 上 班。
Wǒ zǒu zhe shàng bān.
나는 걸어서 출근해요.

(2) 부정형

电 视 没 开 着。
Diàn shì méi kāi zhe.
텔레비전은 켜져 있지 않아요.

(3) 의문형

电视开着没有？
Diàn shì kāi zhe méi yǒu?

텔레비전 켜져 있었어?

→ 开着。
Kāi zhe.

켜져 있었거.

→ 没开着。
Méi kāi zhe.

꺼져 있었거.

你走着下班吗？
Nǐ zǒu zhe xià bān ma?

걸어서 퇴근하니?

→ 对，我走着下班
Duì, wǒ zǒu zhe xià bān.

응, 걸어서 퇴근해.

→ 不，我坐着地铁下班。
Bù, wǒ zuò zhe dì tiě xià bān.

아니, 지하철 타고 퇴근해.

门怎么关着呢？
Mén zěn me guān zhe ne?

문이 왜 잠겨 있지?

→ 我也不知道，门关着。
Wǒ yě bù zhī dao, mén guān zhe.

나도 몰라, 잠겨 있었어.

2 형용사의 중첩

형용사를 중첩하게 되면 의미가 심화되고 강조됩니다. 형용사가 단음절일 경우, 두 번째 중첩 음절은 제1성으로 읽고 뒤에 '儿'을 붙이기도 합니다. 형용사가 이음절일 경우는, 두 번째 중첩 음절을 경성으로 읽습니다.

你好好儿学习吧。
Nǐ hǎo hāor xué xi ba.

너 공부 열심히 해라.

我每天高高兴兴。
Wó měi tiān gāo gao xìng xing.

나는 매일이 즐겁다.

연습문제

1 발음과 성조에 주의하면서 따라 읽어 보세요.

⑴ Diàn shì kāi zhe méi yǒu?

⑵ Xuě bù tíng de xià zhe.

⑶ Tā zhèng xué zhe Hàn yǔ ne.

⑷ Wǒ zhèng tǎng zhe kàn diàn yǐng.

⑸ Tā hái chuān zhe dà yī.

2 다음을 보고 서로 알맞은 발음과 뜻에 선을 그어 보세요.

⑴ 眼镜 •   • liáo tiān •   • 예쁘다

⑵ 漂亮 •   • bù gǎn •   • 겁을 먹다

⑶ 实话 •   • shí huà •   • 솔직한 말

⑷ 害怕 •   • xià bān •   • 잡담하다

⑸ 不敢 •   • piào liang •   • 퇴근하다

⑹ 经理 •   • hài pà •   • 사장

⑺ 下班 •   • jīng lǐ •   • 감히 ~하려 들지 않다

⑻ 聊天 •   • yǎn jìng •   • 안경

3 다음 단어의 적당한 자리를 찾아 넣어 보세요.

⑴ 什么 a 那 b 么 c 你 d 还 e 等 f 着 g ?

⑵ 去 a 我 b 坐 c 地 d 铁 e 。

⑶ 呢 a 我 b 在 c 等 d 着 e 经 f 理 g 。

⑷ 着 a 她 b 们 c 俩 d 在 e 吃 f 饭 g 聊 h 天 i 儿 j 。

⑸ 着 a 他 b 正 c 躺 d 看 e 电 f 视 g 。

4 다음을 어순에 맞게 정렬해 보세요.

(1) 着 还 下 雨 呢 大

➡ _____。

(2) 怎 门 么 呢 关 着

➡ _____?

(3) 正 等 我 你 呢 着 在

➡ _____。

(4) 学 着 她 正 汉 呢 语

➡ _____。

5 녹음을 듣고 그림에 맞게 빈칸을 채워 보세요.

(1)

你每天坐什么上班?

A _____。

B _____。

(2)

A 她戴着什么?

B _____。

재미로 익혀 보는 비속어

"중국에서 쓰이는 말 중에서도 바른말, 표준말을 배우기 위해 책을 구입하는 것인데, 비속어라니…"라고 생각하는 분도 분명 계실 겁니다. 하지만 비속어도 앞서 배웠던 외래어나 은어처럼 젊은이들 사이에서는 비일비재하게 사용되고 있거든요. 중국인과의 대화 도중에 못 알아들어서 욕인 줄도 모르고 그저 웃으며 넘겨 버리는 '傻瓜'는 되지 맙시다.

술고래, 주정뱅이	酒鬼!	Jiǔ guǐ!
얼빠진 놈	混蛋!	Hún dàn!
건달, 부랑자	流氓!	Liú máng!
멍청이	呆子!	Dāi zi!
바보	傻瓜!	Shǎ guā!
바보	笨蛋	bèn dàn
등신	饭桶!	Fàn tǒng!
개자식	王八蛋!	Wáng bɑ dàn!
미친놈	精神病!	Jīng shén bìng!
돼먹지 못한 놈	坏蛋!	Huài dàn!
사기꾼	骗子!	Piàn zi!
(~ 것도) 쌔 당연해!	活该!	Huó gāi!
죽어 버려!	去死的!	Qù sǐ de!
헛소리하네!	放庇!	Fàng pì!
입 다물어!	住口!	Zhù kǒu!
말참견 말아!	别插嘴!	Bié chā zuǐ!
참 밉상이다(역겨워)!	真讨厌!	Zhēn tǎo yàn!
정말 재수 없다!	真倒霉!	Zhēn dǎo méi!
쓸데없는 말 좀 하지 마!	别扯淡!	Bié chě dàn!

13

我听说过他的消息。

그의 소식을 들은 적이 있어요.

너 중국 가본 적 있니?

我 爱 过 他。
Wǒ ài guo tā.

你 见 过 他 几 次?
Nǐ jiàn guo tā jǐ cì?

来 中 国 以 前, 我 没 学 过 汉 语。
Lái Zhōng guó yǐ qián, wǒ méi xué guo Hàn yǔ.

我 从 来 没 喝 过 啤 酒。
Wǒ cóng lái méi hē guo pí jiǔ.

새단어

- 爱   ài   통 사랑하다
- 次   cì   양 회, 번, 차례
                     (횟수를 나타냄)
- 以前   yǐ qián   명 ~전에, 이전
- 从来   cóng lái   부 종래, 지금까지
- 喝   hē   통 마시다
- 啤酒   pí jiǔ   명 맥주

해석

나는 그 사람을 사랑했던 적이 있어.

너 그 사람 몇 번이나 만났어?

중국에 오기 전에, 저는 중국어를 배운 적이 없어요.

저는 맥주를 한 번도 마셔본 적이 없어요.

A 你 最 近 见 过 他 没 有？
Nǐ zuì jìn jiàn guo tā méi yǒu?

▶ 너 요 근래 그 사람 만난 적 있어?

B 他？ 谁 啊？
Tā? Shéi a?

▶ 그 사람이라니? 누구?

A 是 你 的 过 去 男 朋 友。
Shì nǐ de guò qù nán péng you.

▶ 네 예전 남자친구 말이야.

B 没 见 过。 为 什 么？
Méi jiàn guo. Wèi shén me?

▶ 본 적 없어. 왜 그러는데?

A 前 些 日 子 我 路 上 见 过 他 跟 有 个
Qián xiē rì zi wǒ lù shang jiàn guo tā gēn yǒu ge

女 人 一 起 走。
nǚ rén yì qǐ zǒu.

▶ 며칠 전에 나 길에서 그 사람이랑 어떤 여자랑 같이 가는 거 봤다.

B 是 吗？ 跟 我 有 什 么 关 系？
Shì ma? Gēn wǒ yǒu shén me guān xi?

▶ 그래? 근데 그게 나랑 무슨 상관이야?

A 已 经 忘 记 了 他 吗？
Yǐ jīng wàng jì le tā ma?

▶ 벌써 그를 잊은 거야?

B 说 那 干 什 么， 我 忘 不 了 他。
Shuō nà gàn shén me, wǒ wàng bù liǎo tā.

暂 时 我 爱 过 他。 现 在 都 是 过 去 的
Zàn shí wǒ ài guò tā. Xiàn zài dōu shì guò qù de

事 儿。
shìr.

▶ 말해 뭐 해, 난 그를 잊을 수가 없어. 잠시지만 난 그를 사랑했었거든. 지금은 다 지나간 일이지만.

✏️ **새단어**

• 过去 guò qù 명 과거
• 女人 nǚ rén 명 여인, 여자
• 干 gàn 동 (일을) 하다
• 暂时 zàn shí 명 잠시, 당분간

• 忘记 wàng jì 동 잊어버리다
• 前些日子 qián xiē rì z 상 지난번, 며칠 전
• ~不了 bù liǎo ～할 수 덦다, ～할 리가 없다
• 有 yǒu 어떤…, 0~느… (날짜나 사람을 정하지 않고 가리키는 말)

A 突然 想 起 来, 我 们 是 不 是 下 午 三 点
Tū rán xiǎng qǐ lai, wǒ men shì bú shì xià wǔ sān diǎn

有 约 会?
yǒu yuē huì?

▶ 갑자기 생각났는데, 혹시 우리 오후 3시에 약속 있지 않았어?

B 是 那 样 吧!
Shì nà yang ba!

▶ 그랬나!

A 你 忘 掉 了 吗?
Nǐ wàng diào le ma?

▶ 너 잊어버린 거야?

B 啊! 对 不 起! 我 一 下 子 忘 了!
Ā! Duì bu qǐ! Wǒ yí xià zi wàng le!

▶ 아! 미안해! 깜빡 잊었어!

A 喂! 准 备 好 了 吗?
Wèi! Zhǔn bèi hǎo le ma?

▶ 야! 준비는 다 했어?

B 等 一 下, 五 分 钟!
Děng yí xià, wǔ fēn zhōng!

啊, 现 在 得 挂 断 了。
Ā, xiàn zài děi guà duàn le.

▶ 좀 기다려봐, 5분만!
아, 일단 전화부터 끊자.

A 知 道 了。 不 要 失 约。
Zhī dao le. Bú yào shī yuē.

▶ 알았으니까. 약속이나 어기지 마.

B 真 对 不 起。 马 上 就 走。
Zhēn duì bu qǐ. Mǎ shàng jiù zǒu.

▶ 정말 미안해. 금방 갈게.

새단어

- **得** děi 〔조동〕 ~해야 한다
- **挂** guà 〔동〕 (전화의) 수화기를 놓다
- **断** duàn 〔동〕 끊기다
- **就** jiù 〔부〕 곧, 바로
- **突然** tū rán 〔부〕 갑자기, 돌연히, 별안간
- **失约** shī yuē 〔동〕 약속을 깨다
- **马上** mǎ shàng 〔부〕 곧, 바로, 즉각
- **起来** qǐ lai 동사 뒤에 쓰여 동작이 시작하여 잠시 계속됨을 나타냄
- **不要** bú yào ~하지 마라(=别)
- **一下(子)** yí xià (zi) 〔명〕 잠깐, 일시, 단번
- **忘掉(了)** wàng diào (le) 〔동〕 잊어버리다

146

취미에 관한 단어

午觉 [wǔ jiào] 낮잠 자기

上网 [shàng wǎng] 인터넷하기

锻炼身体 [duàn liàn shēn tǐ] 운동하기

买东西 [mǎi dōng xi] 쇼핑하기

下象棋 [xià xiàng qí] 장기 두기

下围棋 [xià wéi qí] 바둑 두기

唱歌儿 [chàng gēr] 노래 부르기

喝酒 [hē jiǔ] 술 마시기

缶音乐 [tīng yīn yuè] 음악 감상

看电影 [kàn diàn yǐng] 영화 감상

读书 [dú shū] 독서

爬山 [pá shān] 등산

13. 我听说过他的消息。 **147**

문법 다지기

1

동태조사 '过'

동량보어를 동반합니다.

(1) 긍정형 : '~한 적이 있다', '~했었다' 라고 해석하면 됩니다.

> **주어 + 동사 + 过 + (동량보어) + 목적어**

我吃过北京烤鸭。
Wǒ chī guo Běi jīng kǎo yā.

나는 북경 오리구이를 먹어 본 적이 있다.

我去过一次大连。
Wǒ qù guo yí cì Dà lián.

나는 (중국) 대련에 한 번 가 본 적이 있다.

我曾经看过三遍这部电影。
Wǒ céng jīng kàn guo sān biàn zhè bù diàn yǐng.

나는 예전에 이 영화를 세 번이나 봤었다.

我听说过他的消息。
Wǒ tīng shuō guo tā de xiāo xi.

그의 소식을 들은 적이 있어요.

> **주어 + 동사 + 过 + 인칭대명사 + (동량보어)**

我见过她一次。
Wǒ jiàn guo tā yí cì.

나는 그녀를 한 번 만난 적이 있어.

你见过他几次？
Nǐ jiàn guo tā jǐ cì?

넌 그 사람을 몇 번이나 만났었는데?

(2) 부정형 : '~한 적이 없다' 로 해석됩니다.

> **주어 + (还)没 + 동사 + 过**

我没学过汉语。
Wǒ méi xué guo Hàn yǔ.

중국어를 배운 적이 없어.

我从来没喝过酒。
Wǒ cóng lái méi hē guo jiǔ.

술을 한 번도 마셔 본 적이 없어.

我还没去过中国。
Wǒ hái méi qù guo Zhōng guó.

나는 아직 중국에 가 본 적이 없다.

2

동량보어

'수사 + 동량사' 로 이루어져 있으며, 동작의 횟수를 나타냅니다.

(1) 次 cì 번 : 동량보어로 가장 많이 쓰이는 동량사입니다. 목적어가 인칭대명사일 경우에만 동량사가 목적어 뒤에 옵니다.

他 喝 过 一 次 啤 酒。
Tā hē guo yí cì pí jiǔ.

그는 맥주를 한 번 마셔 본 적이 있다.

我 去 过 多 次 法 国。
Wǒ qù guo duō cì Fǎ guó.

나는 프랑스에 여러 번 가 본 적이 있다.

(2) 遍 biàn 번 : 주로 '말', '영화', '책', '음악' 등에 씁니다.

我 听 过 多 遍 这 首 歌 儿。
Wǒ tīng guo duō biàn zhè shǒu gēr.

나 이 노래 여러 번 들어 본 적 있는데.

(3) 下 xià 번, 차례 : 동작의 횟수를 나타내기도 하고, '一下' 라고 쓰일 때는 '좀 ~하다' 라는 뜻으로 쓰이기도 합니다.

再 忍 耐 一 下 吧!
Zài rén nài yí xià ba!

조금만 더 참아라!

等 一 下。
Děng yí xià.

잠깐 기다려봐.

TIP

'一' 와 '不' 에는 성조에 있어 예외가 있습니다. 중요하므로 꼭 체크해 두세요.
'一' 는 단독 혹은 단어나 숫자, 문장 끝에 놓일 경우만 1성으로 발음하고, 4성 앞에서는 2성으로, 나머지 1성·2성·3성 앞에서만 4성으로 발음해야 합니다.
'不' 도 4성 앞에서만 2성으로 발음하고, 나머지는 모두 4성 그대로 발음합니다.

• 一边 (儿)	yì biān(r)	한편	• 一服	yì fú	한 봉지
• 一点儿	yì diǎnr	조금	• 一会儿	yí huìr	잠깐
• 不公	bù gōng	부당하다	• 不行	bù xíng	안 되다
• 不比	bù bǐ	~와는 비교도 안 되다	• 不必	bú bì	~할 필요 없다

연습문제

1 발음과 성조에 주의하면서 따라 읽어 보세요.

(1) Wǒ qù guo yí cì Dà lián.

(2) Wǒ hái méi qù guo Zhōng guó.

(3) Wǒ chī guo běi jīng kǎo yā.

(4) Wǒ tīng guo duō biàn zhè shǒu gēr.

(5) Wǒ cóng lái méi hē guo jiǔ.

2 다음을 보고 서로 알맞은 발음과 뜻에 선을 그어 보세요.

(1) 起来 •   • tū rán   •   • 잠시

(2) 一下 •   • kǎo yā   •   • ~하기 시작하다

(3) 马上 •   • mǎ shàng   •   • 단번에

(4) 突然 •   • bù liǎo   •   • ~할 수 없다

(5) 啤酒 •   • yí xià   •   • 오리구이

(6) 烤鸭 •   • zàn shí   •   • 맥주

(7) 不了 •   • qǐ lɑi   •   • 곧바로

(8) 暂时 •   • pí jiǔ   •   • 갑자기

3 다음 단어의 적당한 자리를 찾아 넣어 보세요.

(1) 没   a 来 b 中 c 国 d 以 e 前 f , g 我 h 学 i 过 j 汉
          k 语 l 。

(2) 了   a 我 b 一 c 下 d 子 e 忘 f !

(3) 没有 a 你 b 最 c 近 d 见 e 过 f 他 g ?

(4) 过   a 暂 b 时 c 我 d 爱 e 他 f 。

(5) 次   a 你 b 见 c 过 d 这 e 儿 f ?

4 다음을 어순에 맞게 정렬해 보세요.

(1) 过 去 次 多 国 英 我

➤ _____ 。

(2) 听 过 我 歌 一 首 遍 这 儿

➤ _____ 。

(3) 学 我 过 汉 语 没

➤ _____ 。

(4) 我 一 过 次 见 她

➤ _____ 。

5 녹음을 듣고 그림에 맞게 빈칸을 채워 보세요.

(1)

A 你去过中国没有?

B _____ 。

(多次를 넣어서)

(2)

A 你见过他几次?

B _____ 。

(从来를 넣어서)

중국의 젊은이들

1990년대 이후 중국의 젊은이들은 많은 변화를 겪고 있습니다.

그중에서도 무엇보다 가장 중요한 변화는, 더 이상 국가가 그들의 학비와 취업을 책임지지 않을 거라는 데서 오는 심리적 변화가 바로 그것인데요. 이런 사회적 변화에 대해 중국 젊은이들은 대체로 긍정적으로 받아들이는 편입니다. 물론 학비나 기숙사비 등을 자비로 내야 하는 것이 부담스럽지만, 국가가 정해 주는 한정된 일터보다 훨씬 나은 수입이 보장되는 일자리를 자유롭게 찾아 스스로 선택할 수 있기 때문입니다. 국가 경제가 급속히 자유화되어 가면서 때로는 가치관에 큰 혼란을 겪기도 하지만 중국의 청년들은 빠르게 적응해 가고 있는 것 같습니다.

중국 엘리트 청년층의 최대 희망은 미국행입니다. 명문대에 다니는 대다수의 학생들이 지금 출국을 준비한다고 하는데요, 그 목적은 보다 나은 선진국으로 가서 그들의 기술이나 언어를 배우겠다는 꿈도 있지만, 그곳만의 선진 문화를 직접 향수하려는 데 있다고 하겠습니다. 개인의 능력만큼 사회적 지위와 경제적 수입이 보장되지 않는 현실에서 벗어나고 싶은 거겠지요.

중국은 고급 인재들의 모국 이탈을 막기 위해 고심하고 있지만, 그들의 출국열은 앞으로도 막을 수 없을 것 같습니다.

14

他帅呆了!
저 사람 죽여준다!

周末过得好吗?
Zhōu mò guò de hǎo ma?

他等了我几个小时了?
Tā děng le wǒ jǐ ge xiǎo shí le?

快进来吧。
Kuài jìn lai ba.

你快出去吧, 你男朋友在等你。
Nǐ kuài chū qu ba, nǐ nán péng you zài děng nǐ.

새단어

- 过   guò   통 (시간 등이) 지나다
- 小时   xiǎo shí   명 시간
- 在   zài   부 ~하고 있다.
  (동작의 진행을 나타냄)
- 进来   jìn lai   (동사 뒤에 쓰여) 안에 들어오다, 안에 넣다
- 出去   chū qu   (동사 뒤에 붙어) 무엇이 안으로부터 밖으로 나가다

해석

주말 잘 보냈어요?

그 사람 날 기다린 지 얼마나 됐는데?

어서 들어오세요.

빨리 나가봐, 네 남자친구가 기다리고 있어.

A 周末过得好吗?
Zhōu mò guò de hǎo ma?

▶ 주말 잘 보냈어?

B 跟他玩儿得很开心。
Gēn tā wánr de hěn kāi xīn.

▶ 그 사람과 즐겁게 놀았어.

A 他? 你有男朋友了吗?
Tā? Nǐ yǒu nán péng you le ma?

▶ 그 사람이라니? 너 남자친구 생겼니?

B 不知道了吗?
Bù zhī dao le ma?

他爱我已经到了一年多了。
Tā ài wǒ yǐ jīng dào le yī nián duō le.

▶ 몰랐어?
그 사람 나를 사랑한 지 벌써 1년쯤
됐어.

A 别说谎话了。
Bié shuō huǎng huà le.

▶ 거짓말 좀 하지 마.

B 你不知道了吧? 怎么说, 对不起。
Nǐ bù zhī dao le ba? Zěn me shuō, duì bu qǐ.

▶ 너 몰랐구나? 어떻게 말해야 할지, 미
안해.

A 我根本不知道了。没关系。
Wǒ gēn běn bù zhī dao le. Méi guān xi.

那昨天也见到了吗?
Nà zuó tiān yě jiàn dào le ma?

▶ 난 전혀 몰랐어. 괜찮아.
그럼, 어제도 만났었어?

B 是, 最近我太幸福了。
Shì, zuì jìn wǒ tài xìng fú le.

▶ 응, 요즘 나 너무 행복해.

새단어

- 玩(儿) wán(r) [동] 놀다
- 多 duō [접] (수량사 뒤에 쓰여) ~여, ~남짓
- 根本 gēn běn [부] 전혀, 애초부터
- 开心 kāi xīn [동] 기분을 풀다
- 谎话 huǎng huà [명] 거짓말
- 幸福 xìng fú [명][동] 행복(하다)

A 你 在 哪 儿？
Nǐ zài nǎr?

▶ 어디야?

B 我，这 儿！公 寓 下 边！
Wǒ, zhèr! Gōng yù xià bian!

▶ 나, 여기! 아파트 아래!

A 已 经 来 到 了 吗？
Yǐ jīng lái dào le ma?

▶ 벌써 왔어?

B 亲 爱 的，快 下 来！
Qīn ài de, kuài xià lai!

▶ 자기야, 어서 내려와!

A 等 一 等，我 马 上 下 去。
Děng yi děng, wǒ mǎ shàng xià qu.

▶ 잠깐만 기다려, 금방 내려갈게.

B 今 天 咱 们 一 起 爬 山 去 吧！
Jīn tiān zán men yì qǐ pá shān qù ba!

▶ 오늘 우리 같이 산에 올라가자!

A 好 的，外 边 冷 你 穿 得 很 暖 和 吗？
Hǎo de, wài bian lěng nǐ chuān de hěn nuǎn huo ma?

▶ 그래, 밖에 추운데 따뜻하게 입었지?

B 当 然！
Dāng rán!

▶ 당연하지!

 새단어

- 公寓 gōng yù 명 아파트
- 爬 pá 통 (기어)오르다
- 下边 xià bian 명 아래쪽, 아래
- 暖和 nuǎn huo 형 따뜻하다

이성과의 교제 때

热爱 [rè ài] 열애하다

约会 [yuē huì] 데이트

接吻 [jiē wěn] 키스하다

单相思 [dān xiāng sī] 짝사랑하다

分手 [fēn shǒu] 헤어지다

吵架 [chǎo jià] 말다툼하다

嫉妒 [jí dù] 질투하다

误会 [wù huì] 오해하다

结婚 [jié hūn] 결혼하다

문법 다지기

1 정도보어(程度补语)

보어 중에서도 어떤 동작이 도달한 정도나 상태를 설명해 주는 보어를 말합니다.

(1) 긍정형 : 동사술어와 정도보어 사이에는 반드시 '得'가 들어갑니다.

她游泳游得真好。　　　　　그녀는 수영을 정말 잘합니다.
Tā yóu yòng yóu de zhēn hǎo.

我汉语写得好。　　　　　　저는 중국어를 잘 씁니다.
Wǒ Hàn yǔ xiě de hǎo.

歌儿我姐姐唱得特别好听。　노래는 우리 언니가 정말 잘 불러요.
Gēr wǒ jiě jie chàng de tè bié hǎo tīng.

(2) 부정형 : '得'이하를 부정합니다.

他说得不快。　　　　　　　그는 말이 빠르지 않아요.
Tā shuō de bú kuài.

我唱歌唱得不太好。　　　　저는 노래를 썩 잘하진 못해요.
Wǒ chàng gē chàng de bú tài hǎo.

2 시간보어(时间补语)

어떤 동작을 하는 데 걸린 시간 혹은 그런 상태가 지속된 시간을 말합니다.

我在中国住了一年。　　　　나는 중국에서 1년간 살았다.
Wǒ zài Zhōng guó zhù le yì nián.

他等了你半天了。　　　　　그 사람 너 기다린 지 한참 되었어.
Tā děng le nǐ bàn tiān le.

我学汉语已经学了六年。　　내가 중국어를 배운 지 어느덧 6년 되었습니다.
Wǒ xué Hàn yǔ yǐ jīng xué le liù nián.

他离开我已经两年了。　　　그가 나를 떠난 지 벌써 2년이 되었습니다.
Tā lí kāi wǒ yǐ jīng liǎng nián le.

3

방향보어(趋向补语)

동사 뒤에서 동작의 방향을 보충 설명하는 보어를 말합니다.

(1) 단순 방향보어

동사 + 来 / 去

他 就 出 去 了。
Tā jiù chū qù le.

그는 바로 나갔어요.

快 进 屋 里 来 吧。
Kuài jìn wū li lái ba.

빨리 방으로 들어오세요.

(2) 복합 방향보어

	上	下	进	出	回	过	起
来	上来 (올라옴)	下来 (내려옴)	进来 (들어옴)	出来 (나옴)	回来 (돌아옴)	过来 (건너옴)	起来 (일어남, 시작함)
去	上去 (올라감)	下去 (내려감)	进去 (들어감)	出去 (나감)	回去 (돌아감)	过去 (건너감)	

她 跑 进 洗 手 间 去 了。
Tā pǎo jìn xǐ shǒu jiān qù le.

그녀는 화장실로 뛰어 들어갔다.

后 面 走 过 一 个 人 来。
Hòu miàn zǒu guò yí ge rén lái.

뒤에서 한 사람이 걸어오고 있다.

下 起 雨 来 了。
Xià qǐ yǔ lái le.

비가 오기 시작했다.

想 起 来 了!
Xiǎng qǐ lái le!

생각났다!

1 발음과 성조에 주의하면서 따라 읽어 보세요.

(1) Wǒ xué Hàn yǔ yǐ jīng xué le sān nián.

(2) Wǒ chàng gē chàng de bú tài hǎo.

(3) Tā yóu yǒng yóu de zhēn hǎo.

(4) Tā děng le nǐ bàn tiān le.

(5) Hòu miàn zǒu guò yí ge rén lái.

2 다음을 보고 서로 알맞은 발음과 뜻에 선을 그어 보세요.

(1) 暖和 •   • gēn běn   • 행복

(2) 公寓 •   • lí kāi   • 이별하다

(3) 谎话 •   • gōng yù   • 따뜻하다

(4) 根本 •   • pá shān   • 전혀

(5) 爬山 •   • kāi xīn   • 거짓말

(6) 幸福 •   • huǎng huà   • 등산하다

(7) 离开 •   • nuǎn huo   • 기분을 풀다

(8) 开心 •   • xìng fú   • 아파트

3 다음 단어의 적당한 자리를 찾아 넣어 보세요.

(1) 了   a 我 b 在 c 中 d 国 e 住 f 一 g 年 h 。

(2) 学   a 我 b 汉 c 语 d 学 e 了 f 半 g 年 h 。

(3) 去   a 他 b 跑 c 进 d 教 e 室 f 了 g 。

(4) 得   a 歌 b 儿 c 我 d 姐 e 姐 f 唱 g 特 h 别 i 好 j 听 k 。

(5) 来   a 快 b 进 c 屋 d 里 e 吧 f 。

4 다음을 어순에 맞게 정렬해 보세요.

(1) 快 他 说 很 得

➡ _____ 。

(2) 等 我 了 了 天 半

➡ _____ 。

(3) 唱 唱 我 得 真 好 歌

➡ _____ 。

(4) 一 起 咱 们 去 爬 山 吧

➡ _____ 。

5 녹음을 듣고 그림에 맞게 빈칸을 채워 보세요.

(1)

(2)

A 他跑到哪儿去了?

B _____ 。

A 突然有什么事情?

B _____ 。

중국인의 성격

중국은 땅 덩어리가 넓은 만큼 지역에 따라 사람들의 성격 차이가 확연합니다.

남방 사람들은 주로 말로 싸우는데 서로가 중복되지 않는 욕만 사용해도 20여 분은 줄곧 싸울 수 있다고 리서치에도 나온 적이 있습니다. 북방 사람들은 이와 대조적으로 싸울 때 몇 마디 언성이 높아지다가 이내 주먹이 오고 갑니다.

또한 북방 사람들은 성격이 활달하고 호탕한 편이지만, 남방 사람들은 이재(理財)에 밝고 계산이 빠른 편에 속합니다.

그렇다면 각 지역에 따른 사람들의 성격을 한번 살펴볼까요.

북경 사람들은 보수적이고 정직하며 명예를 중시합니다.

상해 사람들은 이재에 밝고 중국에서 최고라고도 할 수 있을 만큼 그 의상이 화려합니다.

광동 사람들의 장사 수완은 아주 천재적이어서 광동 사람과 거래하면 남는 것이 없다고 할 정도랍니다. 현재 미국이나 동남아시아에 나가 있는 화교들의 대부분이 이들 광동 사람들이라 할 수 있습니다.

바다에 인접하여 있는 항구 도시라서인지 천진 사람들은 깔끔한 짠돌이들입니다.

산동 사람들은 의리가 있고 솔직하고 의협심이 강합니다.

사천 사람들도 의리가 있고 매운 음식을 잘 먹기로 유명합니다.

호남 사람들은 머리가 좋습니다.

산서 사람들은 소심합니다.

절강 사람들은 근면한 자린고비의 소유자들이 많습니다.

대체로 중국 대륙 사람들의 공통 성격은 '慢慢地(만만디)'의 특색 인종이라 할 수 있겠습니다. 우리나라 사람들이 습관처럼 쓰는 '빨리빨리'와는 대조적인, 느긋함과 답답함의 중간 쯤이라고나 할까요.

15

你一个人
能吃得了吗？

너 혼자 다 먹을 수 있어?

我没买到电影票。
Wǒ méi mǎi dào diàn yǐng piào.

我吃完晚饭了。
Wǒ chī wán wǎn fàn le.

我听得懂你说的话。
Wǒ tīng de dǒng nǐ shuō de huà.

你比我高一点点儿。
Nǐ bǐ wǒ gāo yì diǎn diǎnr.

새단어

· 到   dào   동 (동사의 보어로 쓰여)
　　　　　　　　　　 ~해내다
· 完   wán   형 다 하다
· 晚饭 wǎn fàn 명 저녁밥
· 比   bǐ   개 ~보다도, ~에 비해
· 电影票 diàn yǐng piào 명 영화 티켓
· 一点点 yì diǎn diǎn 수량 아주 조금
　　　　　　　　　　 ('一点儿'을 다시
　　　　　　　　　　 강조한 말)

해석

나 영화표 못 샀어.

나 저녁 다 먹었어.

네가 한 말 이해할 수 있어.

네가 나보다 손톱만큼 더 크다.

A 我 昨 天 晚 上 看 见 张 东 健 了。
Wǒ zuó tiān wǎn shang kàn jiàn Zhāng dōng jiàn le.

▶ 나 어제 저녁에 장동건 봤다.

B 真 的 吗？ 他 长 得 怎 么 样？
Zhēn de ma? Tā zhǎng de zěn me yàng?

你 说 实 话 吧！
Nǐ shuō shí huà ba!

▶ 정말이야? 어떻게 생겼어?
사실대로 말해봐!

A 简 单 地 说， 他 是 个 有 风 度 的 绅 士。
Jiǎn dān de shuō, tā shì ge yǒu fēng dù de shēn shì.

▶ 간단히 말해서, 그는 신사야. 멋진
신사.

B 简 直 羡 慕 死 人！
Jiǎn zhí xiàn mù sǐ rén!

▶ 부러워 죽겠다.

A 他 刚 过 三 十 四 岁。
Tā gāng guò sān shí sì suì.

▶ 이제 막 34살을 넘겼대.

B 真 的？ 看 不 出 来 啊。
Zhēn de? Kàn bu chū lái a.

▶ 정말? 그렇게 안 보이는데.

A 喂， 你 要 的 那 张 彩 色 照 片 我 买 到 了。
Wèi, nǐ yào de nà zhāng cǎi sè zhào piàn wǒ mǎi dài le.

你 看！
Nǐ kàn!

▶ 야, 네가 갖고 싶어 하던 그 사진
내가 샀어. 봐봐!

B 啊！ 很 俏 皮！
Ā! Hěn qiào pí!

▶ 아! 멋있다!

✎ 새단어

- 简单　　jiǎn dān　형 간단하다, 단순하다
- 绅士　　shēn shì　명 신사
- 羡慕　　xiàn mù　형 부럽다
- 张　　　zhāng　　양 종이, 책상, 의자, 침대 등 넓은 표면이
　　　　　　　　　있는 것을 세는 말
- 彩色照片　cǎi sè zhào piàn　명 컬러 사진

- 风度　　fēng dù　명 풍격, 자태, 태도
- 简直　　jiǎn zhí　부 완전히, 실로(과장의 어기가 있음)
- 俏皮　　qiào pí　형 스마트하다, 멋지다
- 张东健　Zhāng dōng jiàn　고유 장동건

A 今晚有空儿吗？
Jīn wǎn yǒu kòngr ma?

▶ 오늘 저녁에 시간 있니?

B 为什么？有什么事儿？
Wèi shén me? Yǒu shén me shìr?

▶ 왜? 무슨 일 있어?

A 给你介绍一下我的对象。
Gěi nǐ jiè shào yí xià wǒ de duì xiàng.

▶ 너한테 내 남자친구 소개해 주려고.

B 是吗？有男朋友了吗？
Shì ma? Yǒu nán péng you le ma?

你这么大个儿，你高还是他高？
Nǐ zhè me dà gèr, nǐ gāo hái shi tā gāo?

▶ 그래? 남자친구 생겼어?
네가 이렇게 덩치가 큰데, 네가 커?
아니면 그 사람이 커?

A 我比他高一点点儿。
Wǒ bǐ tā gāo yì diǎn diǎnr.

瘦得跟稻草人一样。
Shòu de gēn dào cǎo rén yí yàng.

▶ 내가 그이보다 아주 조금 더 커.
말라서 꼭 허수아비 같아.

B 是吧？你看你，相对于身高你是
Shì ba? Nǐ kàn nǐ, xiāng duì yú shēn gāo nǐ shì

超重的。该减肥了。
chāo zhòng de. Gāi jiǎn féi le.

▶ 그래? 너도 한번 봐봐, 상대적으로
너는 키에 비해 과체중이야.
다이어트 좀 해야겠어.

A 别那样，我也知道了。
Bié nà yàng, wǒ yě zhī dao le.

不过那个男朋友也比没有你要好。
Bú guò nà ge nán péng you yě bǐ méi yǒu nǐ yào hǎo.

▶ 그러지 좀 마, 나도 아니까.
그런데 그런 남자친구라도 없는 너보
다야 낫지 뭐.

📓 새단어

- **这么** zhè me 　대 이와 같이, 이렇게, 이러한
- **还是** hái shi 　접 또는, 아니면
- **相对** xiāng duì 　형 상대적이다
- **不过** bú guò 　접 그런데, 단지, 그러나(말머리를 돌릴 때의 말)
- **超重** chāo zhòng 　동 적재량을 초과하다
- **稻草人** dào cǎo rén 　명 허수아비

- **个儿** gèr 　명 체격, 키
- **瘦** shòu 　형 (몸이) 마르다, 여위다
- **身高** shēn gāo 　명 신장, 키
- **减肥** jiǎn féi 　동 체중을 줄이다
- **跟 ~ 一样** gēn ~ yí yàng ～와 같다

그림으로 배워요!

병원 안 풍경

流鼻涕 [liú bí tì] 콧물이 나다

医生 [yī shēng] 의사
大夫 [dài fu]

床单 [chuáng dān] 침대 시트

咳嗽 [ké sou] 기침하다

诊察 [zhěn chá] 진찰하다

诊器 [tīng zhěn qì] 청진기

长衣 [cháng yī]
长衫 [cháng shān] 가운

护士 [hù shi] 간호사

病人 [bìng rén] 환자

处方 [chǔ fāng] 처방하다

注射器 [zhù shè qì] 주사기

문법 다지기

1 결과보어

주로 술어 뒤에서 또 다른 동사나 형용사가 붙어서 동작의 결과를 설명하는 보어입니다.

(1) 긍정문

동사 + 결과보어[동사/형용사]

早饭做好了。
Zǎo fàn zuò hǎo le.

아침밥 다 됐다.

他以经睡着了。
Tā yǐ jīng shuì zháo le.

그는 벌써 잠이 들었어.

他的香气我都记住了。
Tā de xiāng qì wǒ dōu jì zhù le.

그의 향기를 나는 다 기억하고 있다.

(2) 부정문

没有 + 동사 + 결과보어[동사/형용사]

我还没做完。
Wǒ hái méi zuò wán.

아직 다 못했어.

他说的汉语，我都没听懂了。
Tā shuō de Hàn yǔ, wǒ dōu méi tīng dǒng le.

그가 말하는 중국어를, 나는 모두 못 알아들었다.

我的电脑还没有修好呢。
Wǒ de diàn nǎo hái méi yǒu xiū hǎo ne.

내 컴퓨터를 아직 수리하지 못했어요.

2 가능보어

술어 뒤에서 동작이 어떠한 결과나 상황에 도달할 수 있는지 보충해 주는 보어입니다.

(1) 긍정문

동사 + 得 + 결과보어 / 방향보어

这个菜我吃得完。
Zhè ge cài wǒ chī de wán.

이거 나 다 먹을 수 있어.

你要的ＭＰ３也许买得到。
Nǐ yào de MP3 yě xǔ mǎi de dào.

네가 필요하다는 MP3 아마도 살 수 있을 거다.

我听得懂你说的话。
Wǒ tīng de dǒng nǐ shuō de huà.

난 네가 한 말 이해할 수 있어.

(2) 부정문

동사 + 不 + 결과보어 / 방향보어

我吃不完。
Wǒ chī bu wán.

나 다 못 먹어.

我听不懂中文广播。
Wǒ tīng bu dǒng Zhōng wén guǎng bō.

나는 중국거 방송 못 알아듣겠어.

我好像拿不动这个行李。
Wǒ hǎo xiàng ná bu dòng zhè ge xíng li.

나 아무래도 이 짐은 못 들 것 같아.

(3) 강조문 : 가능의 뜻을 강조하기 위해 긍정인 경우에만 다시 '可以'나 '能'을 덧붙이
도 합니다.

동사 + 得 + 결과보어 / 방향보어

别担心! 我能回得来。
Bié dān xīn! Wǒ néng huí de lái.

걱정 마! 난 돌아올 수 있어.

这么多菜我们能吃得完吗？
Zhè me duō cài wǒ men néng chī de wán mɑ?

이렇게 많은 요리를 우리가 다 먹을 수 있을까?

3

수량보어

술어 뒤에서 사람이나 사물의 '나이, 키, 길이, 높이, 넓이, 깊이' 등을 나타내 주는 보어입
니다. 보통 비교문에서 많이 쓰입니다.

他比我大七岁。
Tā bǐ wǒ dà qī suì.

그는 나보다 7살 많다.

这个比那个便宜一点儿。
Zhè ge bǐ nà ge pián yi yì diǎnr.

이게 저것보다 약간 더 싸다.

1 발음과 성조에 주의하면서 따라 읽어 보세요.

⑴ Zhè me duō cài wǒ men néng chī de wán ma?

⑵ Wǒ hái méi zuò wán.

⑶ Zhè ge bǐ nà ge pián yi yì diǎnr.

⑷ Wǒ chī bu wán.

⑸ Zhè ge cài wǒ chī de wán.

2 다음을 보고 서로 알맞은 발음과 뜻에 선을 그어 보세요.

⑴ 减肥 •	• xiàn mù •	• 실로
⑵ 俏皮 •	• jiǎn zhí •	• 그런데
⑶ 羡慕 •	• fēng dù •	• 풍격
⑷ 照相 •	• bú guò •	• 체중을 줄이다
⑸ 不过 •	• jiǎn féi •	• 멋지다
⑹ 简单 •	• jiǎn dān •	• 사진
⑺ 简直 •	• zhào xiàng •	• 부럽다
⑻ 风度 •	• qiào pi •	• 간단하다

3 다음 단어의 적당한 자리를 찾아 넣어 보세요.

⑴ 没   a 我 b 买 c 到 d 那 e 张 f 电 g 影 h 票 i 。

⑵ 得   a 我 b 听 c 懂 d 他 e 说 f 的 g 话 h 。

⑶ 到   a 你 b 要 c 的 d 那 e 张 f 电 g 影 h 票 i 我 j 买
        k 了 l 。

⑷ 还   a 她 b 高 c 是 d 你 e 高 f ?

⑸ 大   a 她 b 比 c 我 d 两 e 岁 f 。

4 다음을 어순에 맞게 정렬해 보세요.

(1) 今 天 了 看 李 我 英 见 爱 (· 李英爱 Lǐ yīng ài 이영애)

➡ _____。

(2) 一 你 得 人 能 了 吗 个 吃

➡ _____?

(3) 我 多 么 完 菜 能 吃 得 吗 这

➡ _____?

(4) 吃 这 个 我 得 完 菜

➡ _____。

5 녹음을 듣고 그림에 맞게 빈칸을 채워 보세요.

(1)

A _____。
나 오늘 원빈 봤다!(· 元彬 Yuán bīn 원빈)

B 真的?

(2)

A _____。
내가 너보다 쬐끔 더 커!

B 假的!

중국의 상인들

중국 상인의 장사 수완은 꽤 뛰어납니다. 이것은 유태인보다는 다음이며 일본인보다는 앞선다고 합니다.

사업을 하는 사람들끼리 서로 만나면 첫 인사가 "生意怎么样? Shēng yì zěn me·yàng? (돈벌이 어떠세요?)" 또는 "恭喜发财。 Gōng xǐ fā cái (돈 많이 버세요.)"라고 합니다.

상업의 궁극적 목적은 돈을 버는 것이죠. 중국 상인의 상업적 기질은 돈에 대한 애착 내지는 그들의 수완에서 비롯된 것입니다.

공자 시대부터 중국은 수학이 군자의 필수 과목이었으며, 1800년 전에 이미 원주율을 계산하는 능력을 익혀 왔습니다. 이는 상업적 능력이 뛰어날 수밖에 없었던 그들의 환경 및 민족성과 깊은 관련이 있다 하겠습니다. 지금도 중국 학생의 수학 실력은 세계 최고지요.

중국인의 경제적 재능 또한 세계 곳곳에서 발휘되고 있습니다. 세계 어느 나라를 가든 현지에서 경제적 힘을 발휘하고 있는 화교 재벌들이 꼭 있습니다. 필리핀, 싱가포르, 인도네시아 등 그 나라 경제에 미치는 영향력은 지대하다 할 수 있습니다.

종종 중국인들은 곰에 비유되기도 합니다. 언뜻 미련할 것 같지만 먹이를 사냥할 때는 그 누구보다도 민첩하고 특히 싸울 때는 사납고 날카로운 동물이지요. 또한 훈련을 거치면 재주도 부릴 줄 알고요. 보기엔 굼뜨고 둔해 보이지만 사실 영특하고 잠재력이 무한한 동물입니다.

지금 중국 사람들은 막 동면에서 깨어나 기지개를 켜는 곰과도 같습니다. 완연한 봄을 맞이하기 위해 혹독한 훈련 과정을 거치고 있는 이 거대한 몸집의 곰이 몰고 올 변화와 무한한 잠재력에 대해 세계는 바짝 정신을 차려야 할 겁니다.

16

你想把我送回家吧？

우리 집에 나 데려다 주고 싶지?

明年我也坐飞机去大连。

Míng nián wǒ yě zuò fēi jī qù Dà lián.

我没叫你来。

Wǒ méi jiào nǐ lái.

我把炸酱面吃掉了。

Wǒ bǎ zhá jiàng miàn chī diào le.

谁把我的MP3弄坏了?

Shéi bǎ wǒ de MP3 nòng huài le?

새단어

- **明年** míng nián 명 내년
- **坐** zuò 통 타다
- **飞机** fēi jī 명 비행기
- **大连** Dà lián 명 대련(중국 랴오닝성 랴오둥반도 남단부)
- **叫** jiào 통 부르다
- **弄坏** nòng huài 통 망가뜨리다, 고장 내다
- **把** bǎ 개 ~을
- **炸酱面** zhá jiàng miàn 명 자장면

해석

내년엔 나도 비행기 타고 다롄에 간다.

내가 너 오라고 한 거 아닌데.

내가 자장면을 다 먹어 치웠다.

누가 내 MP3를 망가뜨렸지?

174

A 今 晚 我 请 你 吃 顿 饭 !
Jīn wǎn wǒ qǐng nǐ chī dùn fàn!

▶ 오늘 저녁, 내가 밥 한 끼 쏠게!

B 你 什 么 事 情 ?
Nǐ shén me shì qing?

▶ 너가 웬일이냐?

A 今 早 我 上 班 拾 了 钱 。
Jīn zǎo wǒ shàng bān shí le qián.

▶ 오늘 아침에 출근하다가 돈을 주웠
거든.

B 多 少 ?
Duō shao?

▶ 얼마나?

A 一 百 块 钱 。 你 还 满 意 吧 ?
Yì bǎi kuài qián. Nǐ hái mǎn yì ba?

▶ 100위안. 그런대로 만족하지?

B 那 今 天 去 那 儿 吃 晚 饭 吗 ?
Nà jīn tiān qù nàr chī wǎn fàn ma?

▶ 그럼 오늘 거기 가서 저녁밥 먹는
거야?

A 嗯， 我 有 好 主 意 。
Ng, wǒ yǒu hǎo zhǔ yi.

今 晚 在 公 园 里 烤 肉 吃 吧 。
Jīn wǎn zài gōng yuán li kǎo ròu chī ba.

▶ 음, 좋은 수가 있다.
오늘 저녁에 공원에서 고기 구워 먹자.

B 好 的， 快 去 吧 !
Hǎo de, kuài qù ba!

▶ 좋아, 얼른 가자!

✏️ **새단어**

- **顿** dùn 양 차례, 번, 끼니
- **主意** zhǔ yi 명 생각, 의견, 구상
- **烤肉** kǎo ròu 동 (돼지)고기를 불에 굽다
- **一百块** yì bǎi kuài 100위안 (우리나라 돈으로 약 1만 6천 원)
- **拾** shí 동 줍다, 집다
- **满意** mǎn yì 형 만족하다
- **公园** gōng yuán 명 공원

A 你 快 把 MP3 修 一 修。
Nǐ kuài bǎ MP3 xiū yi xiū.

▶ 네 MP3 손 좀 봐야겠는데.

B 谁 把 我 的 MP3 已 经 弄 坏 了?
Shéi bǎ wǒ de MP3 yǐ jīng nòng huài le?
真 太 过 分 了。
Zhēn tài guò fèn le.

▶ 누가 내 MP3 망가뜨린 거야?
진짜 너무하네.

A 不 知 道。我 也 现 在 才 知 道 了。
Bù zhī dao. Wǒ yě xiàn zài cái zhī dao le.

▶ 몰라. 나도 지금 알았어.

B 没 什 么 了 不 起 的。
Méi shén me liǎo bu qǐ de.

▶ 별것 아니네, 뭐.

A 你 这 句 话 是 什 么 意 思?
Nǐ zhè jù huà shì shén me yì si?

▶ 무슨 뜻이야?

B 该 买 新 的 了。还 有 我 会 抱 复 的。
Gāi mǎi xīn de le. Hái yǒu wǒ huì bào fù de.
务 必 的。
Wù bì de.

▶ 새 걸로 사야겠어. 그리고 복수하겠어.
반드시.

A 太 可 惜 了。别 那 样,我 替 你 申 请
Tài kě xī le. Bié nà yàng, wǒ tì nǐ shēn qǐng
修 理 吧。
xiū lǐ ba.

▶ 안타깝다야. 그러지 말고, 내가 너
대신 A/S 신청해 줄게.

B 我 钱 有 的 是。别 有 用 意,不 要 再
wǒ qián yǒu de shì. Bié yǒu yòng yì, bú yào zài
说 了。人 生 本 来 就 是 这 样。
shuō le. Rén shēng běn lái jiù shì zhè yàng.

▶ 돈은 얼마든지 있어. 따로 생각이
있으니까, 더 이상 말하지 마. 인생
이란 게 원래 다 그런 거야.

새단어

- **过分** guò fèn 통 (말이나 행동이) 지나치다
- **意思** yì si 명 생각, 의미, 뜻
- **务必** wù bì 부 반드시, 꼭
- **申请** shēn qǐng 명 통 신청(하다)
- **用意** yòng yì 명 의도, 저의, 배려
- **本来** běn lái 부 본래, 원래
- **还有** hái yǒu 접 게다가, 또한
- **可惜** kě xī 형 아깝다, 억울하다
- **修理** xiū lǐ 명 통 수리(하다)
- **了不起** liǎo bu qǐ 형 굉장하다, 대단하다
- **句** jù 양 마디, 편(말이나 글을 셈)
- **抱复** bào fù 통 복복하다
- **替** tì 통 대신하다
- **有的是** yǒu de shì 상 많이 있다

교실 안 풍경

地图 [dì tú] 지도

黑板 [hēi bǎn] 칠판

地球仪 [dì qiú yí] 지구본

黑板擦 [hēi bǎn cā] 칠판지우개

粉笔 [fěn bǐ] 분필

老师 [lǎo shī] 선생님

讲台 [jiǎng tái] 강단

学生 [xué sheng] 학생

教科书 [jiào kē shū] 교과서

书包 [shū bāo] 책가방

铅笔 [qiān bǐ] 연필

笔盒 [bǐ hé] 필통

笔记本 [bǐ jì běn] 노트

橡皮 [xiàng pí] 지우개

椅子 [yǐ zi] 의자

문법 다지기

1

연동문

한 문장에 동사가 두 개 이상 나오는 문장을 말합니다.

我们一起去吃饭吧！
Wǒ men yì qǐ qù chī fàn ba!

우리 밥 먹으러 가요!

我坐地铁上班。
Wǒ zuò dì tiě shàng bān.

나는 지하철 타고 출근해요.

2

겸어문

앞동사의 목적어가 동시에 뒷동사의 '동작 주체'가 되는 문장을 말합니다.

我请他来这儿。
Wǒ qǐng tā lái zhèr.

내가 그 사람더러 여기 오라고 했어.

今天我请你吃顿饭。
Jīn tiān wǒ qǐng nǐ chī dùn fàn.

오늘은 내가 밥 한 끼 쏠게.

3

처치문

동작이 어떤 사물이나 사람에 대해 처치를 하거나 처치한 결과를 강조할 때 씁니다. 목적어는 반드시 '특정한 것'이어야 합니다. '把 bǎ'가 주어 뒤, 술어의 앞에 위치하기 때문에 '把 자문'이라고도 합니다. 처치문은 아래와 같이 일반적인 동사술어문으로 바꾸어 쓸 수도 있습니다.

你把我的点心吃了吗？
Nǐ bǎ wǒ de diǎn xin chī le ma?

네가 내 디저트 먹었니?

→ 你吃了我的点心吗？
Nǐ chī le wǒ de diǎn xin ma?

我不愿意把青春时光浪费。   나는 청춘 시절을 낭비하고 싶지 않다.
Wǒ bú yuàn yi bǎ qīng chūn shí guāng làng fèi.

→ 我不愿意浪费青春时光。
    Wǒ bú yuàn yi làng fèi qīng chūn shí guāng.

4 피동문

주어가 어떤 목적어에 의해 '~에게 …을(를) 시키다', '~에 의해 …을(를) 당하다' 의 의미를 갖는 문장입니다. 역시 목적어는 반드시 '특정한 것' 이어야 합니다.

> **주어 + 被 / 叫 / 让 / 给 + (실행자) + 동사 + 기타성분**

我被小偷儿偷了。   나 좀도둑한테 털렸어.
Wǒ bèi xiǎo tōur tōu le.

我的书被多情借走了。   내 책 다정이가 빌려 갔는데.
Wǒ de shū bèi duō qíng jiè zǒu le.

对不起，让你久等了。   미안해, 널 오래 기다리게 했네.
Duì bu qǐ, ràng nǐ jiǔ děng le.

我叫车给撞过。   나 차에 치인 적이 있어.
Wǒ jiào chē gěi zhuàng guo.

> **TIP** '~에 의한' 이라는 실행자가 생략되었을 경우에는, '让' 을 쓸 수 없습니다. 나머지는 가능합니다.

大家都给他骗了。   모두들 그게게 사기를 당했어.
Dà jiā dōu gěi tā piàn le.

结果父亲没让他出国。   결국 아버지가 그를 출국하지 못하게 했어.
Jié guǒ fù qīn méi ràng tā chū guó.

我们的建议会被通过。   우리의 의견은 통과될 거예요.
Wǒ men de jiàn yì huì bèi tōng guò.

연습문제

1 발음과 성조에 주의하면서 따라 읽어 보세요.

(1) Nǐ bǎ wǒ de diǎn xin chī le ma?

(2) Jīn tiān wǒ qǐng nǐ chī dùn fàn.

(3) Wǒ men yì qǐ qù chī fàn ba!

(4) Wǒ mèi mei bèi xiǎo tōu tōur le.

(5) Wǒ qǐng nǐ lái zhèr.

2 다음을 보고 서로 알맞은 발음과 뜻에 선을 그어 보세요.

(1) 意思 •   • diǎn xin •   • 좀도둑

(2) 用意 •   • bào fù •   • 반드시

(3) 可惜 •   • wù bì •   • 보복하다

(4) 抱复 •   • kě xī •   • 의미

(5) 修理 •   • xiǎo tōu •   • 수리하다

(6) 务必 •   • yòng yì •   • 의도

(7) 点心 •   • xiū lǐ •   • 간식

(8) 小偷 •   • yì si •   • 아깝다

3 다음 단어의 적당한 자리를 찾아 넣어 보세요.

(1) 句   a 你 b 这 c 话 d 是 e 什 f 么 g 意 h 思 i ?

(2) 去   a 明 b 年 c 我 d 坐 e 飞 f 机 g 中 h 国 i 。

(3) 把   a 我 b 你 c 的 d 饭 e 吃 f 掉 g 了 h 。

(4) 没   a 我 b 叫 c 你 d 来 e 。

(5) 拾   a 今 b 早 c 我 d 上 e 班 f 了 g 钱 h 。

4 다음을 어순에 맞게 정렬해 보세요.

(1) 天 请 今 我 你 饭 吃 顿

   ➡ _____ 。

(2) 了 电 视 把 弄 吗 谁 坏

   ➡ _____ ?

(3) 今 吗 吃 店 天 饭 晚 饭 去

   ➡ _____ ?

(4) 把 你 家 想 送 我 吧 回

   ➡ _____ ?

5 녹음을 듣고 그림에 맞게 빈칸을 채워 보세요.

(1)

A _____ 。

　우리 술 마시러 가자!
　(연동문임을 고려해서)

B 好的!

(2)

A 你有什么事儿?

B _____ 。

　나 차에 치였어!
　(피동문임을 고려해서)

산수 기호 읽기

산수에는 '덧셈', '뺄셈', '곱셈' 나눗셈', '~는(equal, =)' 등의 기호가 있습니다. 중국어로는 과연 어떻게 읽을까요? 조금 헷갈리지만 그 단어의 뜻을 알게 되면 충분히 외울 수 있을 것입니다.

더하기

예 $1 + 2 = 3$

一加二等于三。
Yī jiā èr děng yú sān.

빼기

예 $3 - 1 = 2$

三减一等于二。
Sān jiǎn yī děng yú èr.

三减一是二。
Sān jiǎn yī shì èr.

곱하기

예 $2 × 3 = 6$

二乘三等于六。
Èr chéng sān děng yú liù.

二拿三乘是六。
Èr ná sān chéng shì liù.

나누기

예 $6 ÷ 3 = 2$

六除三等于二。
Liù chú sān děng yú èr.

六除以三得二。
Liù chú yǐ sān dé èr.

六被三除等于二。
Liù bèi sān chú děng yú èr.

분수

예 $\frac{1}{4} = 0.25$

四分之一等于零点二五。
Sì fēn zhī yī děng yú líng diǎn èr wǔ.

몇 대 몇

예 $2 : 1$

二比一
Èr bǐ yī.

加 jiā 통 더하다 | 等于 děng yú 통 ~와 같다 | 减 jiǎn 통 빼다, 감하다 | 乘 chéng 통 곱하다 | 拿 ná 개 ~을(를) | 除 chú 통 나누다 | 以 yǐ 개 ~으로써 | 得 dé 통 얻다 | 被 bèi 개 당하다 | 分 fēn 양 전체를 나눈 부분 | 点 diǎn 명 소수점 | 比 bǐ 통 대, 비(례)

부록

연습문제 정답

중국어와 발음

1　① pa, da, la
　　② ka, zi, shi

2　① ruǎn ruò, pò chú
　　② jūn děng, yǎn jìng

3　① Zhōng guó, kǎo shì, yǐ zi, dōng bian
　　② kàn kan, cháng yi cháng, yóu jú, fēng cǎi

 1과　　　　　　　P. 30

1　(녹음 내용)
　　(1) 我和他都很好。
　　(2) 他们都好吗?
　　(3) 我也很好。
　　(4) 你爱我吗?
　　(5) 不客气。

2　(1) 你 — nǐ
　　(2) 好 — hǎo
　　(3) 爱 — ài
　　(4) 和 — hé
　　(5) 都 — dōu
　　(6) 您 — nín
　　(7) 也 — yě
　　(8) 我 — wǒ
　　(9) 们 — men
　　(10) 吗 — ma

3　(1) a　　　　　(2) d
　　(3) b　　　　　(4) c

4　(1) 你们和他们都很好。
　　(2) 我和她都很好。
　　(3) 你的父母也好吗?
　　(4) 你身体好吗。

5　(4) (녹음 내용)
　　他身体很好。

 2과　　　　　　　P. 40

1　(녹음 내용)
　　(1) 你父亲做什么工作?
　　(2) 你家有几口人?
　　(3) 有多少学生?
　　(4) 我有一个男朋友。
　　(5) 你有词典吗?

2　(1) 词典 — cí diǎn
　　(2) 父亲 — fù qīn
　　(3) 哥哥 — gē ge
　　(4) 多少 — duō shao
　　(5) 没有 — méi yǒu
　　(6) 什么 — shén me
　　(7) 爷爷 — yé ye
　　(8) 工作 — gōng zuò
　　(9) 母亲 — mǔ qīn
　　(10) 弟弟 — dì di

3　(1) d　　　　　(2) c
　　(3) d　　　　　(4) d
　　(5) e

4　(1) 你家有什么人?
　　(2) 你有没有男朋友?
　　(3) 你有几本书?
　　(4) 我有两本书。

5　(녹음 내용)
　　(1) 五口人
　　(2) 爷爷, 奶奶和我。

3과 P. 50

1 (녹음 내용)
(1) 您是哪国人？
(2) 这不是我的书，那是我的书。
(3) 我们不都是汉语老师。
(4) 你们是高中同学吗？
(5) 她们也都是公司职员。

2 (1) 学生 — xué sheng
(2) 老师 — lǎo shī
(3) 杂志 — zá zhì
(4) 课本 — kè běn
(5) 报纸 — bào zhǐ
(6) 初中 — chū zhōng
(7) 高中 — gāo zhōng
(8) 职员 — zhí yuán
(9) 国人 — guó rén
(10) 同学 — tóng xué

3 (1) c (2) d
(3) f (4) d
(5) d

4 (1) 你们都是汉语老师吗？
(2) 你们都不是老师吗？
(3) 那不是杂志，是课本。
(4) 你们是高中同学吗？

5 (녹음 내용)
(1) 她是老师。
(2) 那不是杂志，是课本。

4과 P. 60

1 (녹음 내용)
(1) 请问，地铁站怎么走？
(2) 我是昨天从首尔来的。
(3) 那我怎么样？

(4) 请快一点儿好吗？
(5) 他很喜欢喝酒。

2 (1) 从 — cóng
(2) 半 — bàn
(3) 要 — yào
(4) 晚 — wǎn
(5) 请 — qǐng
(6) 饭店 — fàn diàn
(7) 应该 — yīng gāi
(8) 小时 — xiǎo shí
(9) 机场 — jī chǎng
(10) 放心 — fàng xīn

3 (1) f (2) a
(3) d (4) b
(5) d

4 (1) 您要去哪儿？
(2) 您尝一尝这个菜。
(3) 我是昨天从首尔来的。
(4) 那你什么时候能回来？

5 (녹음 내용)
(1) 喝酒。
(2) 到图书馆去。

5과 P. 70

1 (녹음 내용)
(1) 下星期天有没有空儿？
(2) 三点四十五分(钟)。
(3) 下午五点半下班回家。
(4) 我每天工作八个小时。
(5) 你晚上做什么？

3 (1) e (2) g
(3) i (4) c
(5) f

4
(1) 现在差五分晚上八点。
(2) 你每天儿点起床?
(3) 今天一月三十号星期一。
(4) 上星期天你做什么了?

5
(녹음 내용)
(1) 八点四十分(钟)。
= 差二十分九点。
(2) 九月二十号星期二。

 6과　　　　　　　　P. 80

1
(녹음 내용)
(1) 你会说英语吗?
(2) 你们老师教你们什么?
(3) 你可以教我日语。
(4) 这儿可以抽烟吗?
(5) 你懂不懂英语?

2
(1) 要 — yào
(2) 会 — huì
(3) 能 — néng
(4) 想 — xiǎng
(5) 懂 — dǒng
(6) 努力 — nǔ lì
(7) 正好 — zhèng hǎo
(8) 爱好 — ài hào
(9) 抽烟 — chōu yān
(10) 注意 — zhù yì

3
(1) b　　　　　　(2) b
(3) b　　　　　　(4) b
(5) e

4
(1) 你能喝烧酒吗?
(2) 今天会下雪的。
(3) 你们不用来这儿。
(4) 我也想学习汉语。

5
(녹음 내용)
(1) (饭馆里)不能抽烟。
(2) 我一点儿也不会游泳。

 7과　　　　　　　　P. 90

1
(녹음 내용)
(1) 他正在等你呢。
(2) 书店在学校左边。
(3) 我们一起去散步, 好吗?
(4) 外边正下雨呢。
(5) 我在跟你打电话呢。

2
(1) 书店 — shū diàn
(2) 公司 — gōng sī
(3) 求婚 — qiú hūn
(4) 恋人 — liàn rén
(5) 消息 — xiāo xi
(6) 深呼吸 — shēn hū xī
(7) 指导室 — jiào dǎo shì
(8) 快餐厅 — kuài cān tīng
(9) 电影院 — diàn yǐng yuàn
(10) 咖啡厅 — kā fēi tīng

3
(1) f　　　　　　(2) c
(3) c　　　　　　(4) e
(5) e

4
(1) 我们学校在医院旁边。
(2) 她跟我的朋友正说话呢。
(3) 我正在听音乐呢。
(4) 咖啡厅在哪儿?

5
(녹음 내용)
(1) 他在唱歌(呢)。
(2) 网吧在我家旁边。

8과　　　　　　　　　　　　　　P. 100

1　(녹음 내용)
　　(1) 她游泳游得很好。
　　(2) 多谢你的关心。
　　(3) 你汉语说得很不错。
　　(4) 过得很愉快。
　　(5) 你汉语说得非常流利。

2　(1) 非常 — fēi cháng
　　(2) 关心 — guān xīn
　　(3) 流利 — liú lì
　　(4) 广播 — guǎng bō
　　(5) 游泳 — yóu yǒng
　　(6) 愉快 — yú kuài
　　(7) 好看 — hǎo kàn
　　(8) 点心 — diǎn xīn
　　(9) 不错 — bú cuò
　　(10) 泡菜 — pào cài

3　(1) b　　　　　　　(2) c
　　(3) f　　　　　　　(4) d
　　(5) h

4　(1) 你去得早吗?
　　(2) 我能听得懂一些。
　　(3) 真好久不见!
　　(4) 我现在听得懂中国歌儿。

5　(1) 我游泳游得很好。
　　(2) 她唱歌唱得非常好。(非常 대신 같은 뜻의
　　　　다른 부사 사용해도 됨)

9과　　　　　　　　　　　　　　P. 110

1　(녹음 내용)
　　(1) 雪越来越大了。
　　(2) 我看那个跟这个都一样。
　　(3) 今天有昨天这么冷。

　　(4) 我比她更漂亮。
　　(5) 天气越来越冷。

2　(1) 不如 — bù rú
　　(2) 准备 — zhǔn bèi
　　(3) 漂亮 — piào liang
　　(4) 钢笔 — gāng bǐ
　　(5) 没有 — méi yǒu
　　(6) 冷 — lěng
　　(7) 越 — yuè
　　(8) 刮 — guā
　　(9) 支 — zhī
　　(10) 俩 — liǎ

3　(1) e　　　　　　　(2) j
　　(3) f　　　　　　　(4) c
　　(5) b

4　(1) 她比我矮两公分。
　　(2) 今天有昨天这么冷。
　　(3) 她比我小两岁。
　　(4) 你们俩谁高?

5　(녹음 내용)
　　(1) 我比他小三岁。
　　(2) 你没有他那么帅。

10과　　　　　　　　　　　　　　P. 120

1　(녹음 내용)
　　(1) 冬天要来了。
　　(2) 明年我已经二十七岁了。
　　(3) 他们俩已经结婚了。
　　(4) 他还没吃饭呢。
　　(5) 你现在累了吧?

2　(1) 上课 — shàng kè
　　(2) 下雪 — xià xuě
　　(3) 回国 — huí guó

(4) 已经 — yǐ jīng

(5) 结婚 — jié hūn

(6) 考试 — kǎo shì

(7) 通过 — tōng guò

(8) 以前 — yǐ qián

(9) 冬天 — dōng tiān

(10) 起誓 — qǐ shì

3 (1) d   (2) h

     (3) g   (4) a

     (5) f

4 (1) 咱们一起去这儿附近有饭馆!

     (2) 今年我二十六岁了。

     (3) 我去图书馆了。

     (4) 你的考试通过了吗?

5 (녹음 내용)

     (1) 他已经三十四岁了。

     (2) 他们俩已经结婚了。

11과   P. 130

1 (녹음 내용)

     (1) 这件衣服我很喜欢。

     (2) 看来他还没买手机呢。

     (3) 我哥哥在书店买了一本汉语词典。

     (4) 我没买那本书。

     (5) 我还没看那部电影呢。

2 (1) 裙子 — qún zi

     (2) 裤子 — kù zi

     (3) 假话 — jiǎ huà

     (4) 对象 — duì xiàng

     (5) 提包 — tí bāo

     (6) 结束 — jié shù

     (7) 关系 — guān xi

     (8) 取消 — qǔ xiāo

     (9) 手机 — shǒu jī

(10) 预售 — yù shòu

3 (1) j   (2) g

     (3) b   (4) c

     (5) e

4 (1) 昨天我看了一部电影。(我昨天看了一部电影。)

     (2) 咱们在这儿分手吧。

     (3) 你最近怎么样?(最近你怎么样?)

     (4) 路上我捡了一千块钱。(我路上捡了一千块钱。)

5 (녹음 내용)

     (1) 我买了一件毛衣和一条牛仔裤。

     (2) 我(昨天)没看电影，在家休息了。

12과   P. 140

1 (녹음 내용)

     (1) 电视开着没有?

     (2) 雪不停地下着。

     (3) 他正学着汉语呢。

     (4) 我正躺着看电影。

     (5) 她还穿着大衣。

2 (1) 眼镜 — yǎn jìng — 안경

     (2) 漂亮 — piào liang — 예쁘다

     (3) 实话 — shí huà — 솔직한 말

     (4) 害怕 — hài pà — 겁을 먹다

     (5) 不敢 — bù gǎn — 감히 ～하려 들지 않다

     (6) 经理 — jīng lǐ — 사장

     (7) 下班 — xià bān — 퇴근하다

     (8) 聊天 — liáo tiān — 잡담하다

3 (1) g   (2) e

     (3) g   (4) f

     (5) d

4　(1) 还下着大雨呢。
　　(2) 门怎么关着呢?
　　(3) 我正在等着你呢。
　　(4) 她正学着汉语呢。

5　(녹음 내용)
　　(1) A : 我每天坐地铁上班。
　　　　B : 我每天走着上班。
　　(2) 她戴着眼镜儿。

13과
P. 150

1　(녹음 내용)
　　(1) 我去过一次大连。
　　(2) 我还没去过中国。
　　(3) 我吃过北京烤鸭。
　　(4) 我听过多遍这首歌儿。
　　(5) 我从来没喝过酒。

2　(1) 起来 — qǐ lɑi — ~하기 시작하다
　　(2) 一下 — yí xià — 단번에
　　(3) 马上 — mǎ shàng — 곧바로
　　(4) 突然 — tū rán — 갑자기
　　(5) 啤酒 — pí jiǔ — 맥주
　　(6) 烤鸭 — kǎo yā — 오리구이
　　(7) 不了 — bù liǎo — ~할 수 없다
　　(8) 暂时 — zàn shí — 잠시

3　(1) h　　　　　　(2) f
　　(3) g　　　　　　(4) e
　　(5) f

4　(1) 我去过多次英国。
　　(2) 我听过一遍这首歌儿。
　　(3) 我没学过汉语。
　　(4) 我见过她一次。

5　(녹음 내용)
　　(1) 我去过多次中国。

(2) 我从来没见过他。

14과
P. 160

1　(녹음 내용)
　　(1) 我学汉语已经学了三年。
　　(2) 我唱歌唱得不太好。
　　(3) 她游泳游得真好。
　　(4) 他等了你半天了。
　　(5) 后面走过一个人来。

2　(1) 暖和 — nuǎn huo — 따뜻하다
　　(2) 公寓 — gōng yù — 아파트
　　(3) 谎话 — huǎng huà — 거짓말
　　(4) 根本 — gēn běn — 전혀
　　(5) 爬山 — pá shān — 등산하다
　　(6) 幸福 — xìng fú — 행복
　　(7) 离开 — lí kāi — 이별하다
　　(8) 开心 — kāi xīn — 기분을 풀다

3　(1) f　　　　　　(2) b
　　(3) f　　　　　　(4) g
　　(5) e

4　(1) 他说得很快
　　(2) 我等了半天了
　　(3) 我唱歌唱得真好
　　(4) 咱们一起爬山去吧!

5　(녹음 내용)
　　(1) 她跑进洗手间去了。
　　(2) 突然下起雨来了。

15과
P. 170

1　(녹음 내용)
　　(1) 这么多菜我们能吃得完吗?

(2) 我还没做完。

(3) 这个比那个便宜一点儿。

(4) 我吃不完。

(5) 这个菜我吃得完。

2   (1) 减肥 — jiǎn féi — 체중을 줄이다

(2) 俏皮 — qiào pi — 멋지다

(3) 羡慕 — xiàn mù — 부럽다

(4) 照相 — cǎi sè zhào xiàng — 사진

(5) 不过 — bú guò — 그런데

(6) 简单 — jiǎn dān — 간단하다

(7) 简直 — jiǎn zhí — 실로

(8) 风度 — fēng dù — 풍격

3   (1) b   (2) c

(3) k   (4) c

(5) d

4   (1) 我今天看见李英爱人了。(今天我看见李英爱人了。)

(2) 你一个人能吃得了吗?

(3) 这么多菜我能吃得完吗?

(4) 这个菜我吃得完。

5   (녹음 내용)

(1) 我今天看见元彬了。

(2) 我比你高一点点儿。

16과   P. 180

1.   (녹음 내용)

(1) 你把我的点心吃了吗?

(2) 今天我请你吃顿饭。

(3) 我们一起去吃饭吧!

(4) 我妹妹被小偷偷儿了。

(5) 我请你来这儿。

2   (1) 意思 — yì si — 의미

(2) 用意 — yòng yì — 의도

---

(3) 可惜 — kě xī — 아깝다

(4) 抱复 — bào fù — 보복하다

(5) 修理 — xiū lǐ — 수리하다

(6) 务必 — wù bì — 반드시

(7) 点心 — diǎn xin — 간식

(8) 小偷 — xiǎo tōu — 좀도둑

3   (1) c   (2) g

(3) b   (4) b

(5) f

4   (1) 今天我请你吃顿饭。

(2) 谁把电视弄坏了吗?

(3) 今天去饭店吃晚饭吗?

(4) 你想把我送回家吧?

5   (녹음 내용)

(1) 我们一起去喝酒吧!

(2) 我被(혹은 叫)车给撞了。

부록

고사성어와
중국 속담

01 龜 鑑
(거북 귀) (거울 감)

겉뜻 : 거북은 길흉을 점치고 거울은 사물의 그림자를 비춘다.

속뜻 : 사물의 거울, 본보기

옛날이야기

송나라의 유학인 정호(程顥)와 정이(程顥) 형제가 어느 날 잔칫집에 갔다. 동생인 정이는 점잖게 술을 마시는데 형인 정호는 차마 눈뜨고 볼 수 없을 만큼 추태가 심했다. 동생은 몹시 불쾌했다. 다음 날 형을 찾아가 은근히 나무랐다.

"형님, 어젯밤 술자리에서 장난이 너무 심합디다. 장난이 그렇듯 거칠어서야 되겠습니까?

형이 아무렇지 않게 대꾸했다.

"성인은 거울과 같은 것이야. 고운 것이 비치면 곱게 보이고 추한 것이 비치면 추하게 보일 뿐이지. 그러나 거울에는 하등 관계가 없지."

얽힌 이야기

옛날에는 길흉을 점치는 방법으로 두 가지가 있었습니다. 하나는 거북의 등을 말려 굽는 것인데, 그렇게 하면 여러 갈래 금이 나타납니다. 이를 균열(龜裂)이라 하였습니다. '龜'는 거북 귀자로도 쓰이지만 틀 균자로도 쓰이지요. 이때 생겨난 금 모양을 따라 '조(兆)'라 하여, 어떤 일에 나타나는 기미를 징조(徵兆), 길조(吉兆), 흉조(凶兆)라 나누어 불렀습니다. 또 다른 하나는 서죽(筮竹)입니다. 대나무를 이용했기 때문에 우리나라에서는 '산가지'라 하는데, 이는 점쟁이가 산통(算筒)에 넣어 길흉을 헤아릴 때 사용했던 것입니다. 이는 매스컴이나 드라마를 통해서 많이 보았던 장면일 것입니다.

스스로가 아름다움과 추함을 판단할 수 있는 도구에는 어떤 것이 있을까요? 그것은 거울입니다. 옛날에는 거울이 귀했기 때문에 세숫대야와 같은 곳에 물을 담아 비추어 보았는데요, 그것이 바로 감(鑑)입니다.

02 大 器 晩 成
(큰 대) (그릇 기) (늦을 만) (이룰 성)

겉뜻 : 큰 그릇은 늦게 만들어진다.

속뜻 : 큰 일이나 큰 인물은 쉽게 만들어지지 않고 온갖 어려움을 거친 후에야 비로소 이루어진다.

옛날이야기

위(魏)나라에 최염(崔琰)이라는 장수가 있었다. 수염은 넉자나 되고 대인의 기품이 있는, 당시 무제(武帝) 조조(曹操)의 최대 신임을 받는 산동성 태생의 호걸이었다. 그런 최염에게 최림(崔林)이라는 사촌동생이 있었다. 최림은 젊을 때에 주위로부터 업심여김을 받곤 했었다. 그때마다 최염은 그의 됨됨이를 한눈에 꿰뚫고 도와주었다.

"큰 종(鍾)이나 큰 솥(鼎)은 쉽게 만들어지는 게 아닙니다. 큰 그릇이 오래 걸려 만들어지는 것같이 그 역시 그런 인물입니다(此所謂大器晩成者也)."

얽힌 이야기

노자의 『도덕경(道德經)』에는 세 종류의 선비가 나옵니다. 첫 번째 상등(上等) 선비는 도를 들으면 힘써 행하고, 중등(中等)의 선비는 도를 들으면 듣는 것 같기도 하고 다닌 것 같기도 하며, 하등(下等)의 선비는 도를 들으면 그저 크게 웃는다는 것입니다. 이러한 선비에 대한 풀이로서 '큰 그릇은 늦게 이루어진다' 고 하였던 것입니다.

우리는 과연 어떤 종류의 선비에 해당될까요?

03 杞 憂
(나라 기) (근심 우)

겉뜻 : 기나라 사나이의 걱정

속뜻 : 쓸데없는 근심과 걱정을 이르는 말

옛날이야기

주(周)나라 때 지금의 하남성(河南省) 가까이에 기국(杞國)이라는 아주 작은 나라가 있었다. 그 기국에 한 사나이가 살았는데, 자나깨나 그는 걱정투성이였다. 갑자기 하늘이 무너지면 어떡하나, 땅이 꺼지면 어떡하나 전혀 걱정할 것 없는 걱정이었다. 보다 못한 친구가 그에게 충고했다.

"여보게, 그런 걱정 안 해도 되네. 하늘은 공기가 있어 무너지지 않으니까."

"이봐, 그럼 왜 땅은 꺼지지 않는 거지?"

"땅이란 흙더미가 쌓였기 때문이지. 우리가 땅 위에서 아무리 날고뛰어도 끄떡없잖아."

친구의 말을 듣고서야 그 사내는 근심을 털어냈다고 한다.

얽힌 이야기

『열자(列子)』에 나오는 이야기입니다. 사실 그 시기를 모를 뿐이지, 어쩌면 하늘이 무너질지도, 땅이 꺼질지도 모를 일입니다. 다만 너무 아득한 날의 문제라 미리 걱정할 필요가 없다는 거지요. 사실 개개인의 일로 근심하기에도 빠듯하게 돌아가는 일상인데, 이런 일로 쓸데없는 걱정을 할 시간이 어디 있겠어요. 전혀 무익한 일입니다. 삶이라는 것이 그렇습니다. 죽음을 알지 못하기에 그 하루하루가 빛나는 거지요. 죽음을 알고 천지가 언제 무너질지를 안다면, 불안하게 어떻게 하루에 충실하며 살아갈 수 있겠습니까.

04 錦 衣 夜 行
(비단 금) (옷 의) (밤 야) (다닐 행)

겉뜻 : 비단옷 입고 밤길 가기

속뜻 : 남이 알아주지 않는 보람도 없는 일을 함.

옛날이야기

불은 사흘 동안 타올랐다. 불길을 눈요기 삼아 술잔을 기울이며 수하에게 명하여 시황제의 무덤을 파헤치게 했다. 유방이 봉인해둔 재물을 약탈하고 수많은 미녀를 손에 넣었다. 천하 제패에 나선 이후 모처럼 승전고를 울리는 듯한 느낌이었다. 모사(謀士) 범증(范增)이 일을 그르치지 마라는 충고를 했어도 그는 듣지 않았다. 전쟁터에서 오래 버틴 육신이라 하루 빨리 고향에 가보고 싶었다. 성공한 자신의 모습을 그들에게 어서 보여주고 싶었다. 이때 한생(韓生)이라는 자가 말했다.

"관중(關中)은 산하로 막힌 데다 지세 또한 견고합니다. 이곳은 토지가 비옥하니 도읍 삼아 천하의 패권을 잡으시고 제후들을 호령하기 적합한 자립니다."

그러나 항우(項羽)의 눈엔 함양은 불타는 폐허에 불과했다. 그것보다는 한시라도 빨리 고향으로 돌아가 성공한 자신의 모습을 보여주고 싶었다.

"부귀를 얻고도 고향을 돌아가지 않는다면 그건 비단옷을 입고 밤길을 걷는 것이나 다름없지. 누가 알아줄 것인가?"

아무리 출세를 했다 해도 고향에 돌아가지 않는다면 그곳 친구들이 알 수가 없다는 것이었다. 한생은 항우 앞을 물러나자 코웃음을 쳤다.

"초나라 사람은 원숭이에게 의관을 입힌 거나 다름없다 했는데 과연 그 말이 맞구먼. 원숭이는 관을 씌우고 띠를 매어도 오래 견디지 못하는데, 어쩌면 초나라 사람의 급한 성질과 그렇게 똑같은지."

이 말은 항우의 귀에 들어갔고 한생은 죽임을 당했다.

얽힌 이야기

비단옷을 입고 밤길을 걷는 일이라도 고향에 돌아가 자신의 출세한 모습을 보여주고 싶은 게 항우의 심정이었던 것 같습니다. 비슷한 숙어에는 『삼국지(三國志)』에서 전해오는 '비단옷 입고 고향으로 돌아간다' 는 뜻의 '금의환향(錦衣還鄉)' 이 있습니다. 후에는 '입신출세하여 고향으로 돌아간다' 는 뜻이 더해졌습니다.

05 革 命
(나라 기) (근심 우)

겉뜻 : 하늘의 명을 뜯어 고침

속뜻 : 종래의 것을 인위적으로 바꾸는 것

옛날이야기

사이계(姒以癸)라는 정신 빠진 군주가 날마다 주지육림(酒池肉林) 놀이에 취해 정신없이 행동하자 좌상으로 있던 관룡봉이 진언했다.

"폐하, 고정하시옵소서. 날마다 이런 데 빠져 계시면 장차 이 나라는 멸망하고 말 것입니다."

사이계는 코웃음을 치며 힐책했다.

"그 무슨 가당찮은 소리냐? 무릇 천자란 하늘의 명을 받아 나오는 법이다. 천자가 멸망하는 것은 하늘의 해가 없어져야만 그 운수가 다했다고 하는 법이야."

놀이가 어디 그뿐이랴. 포락지형(炮烙之刑)이라는 것을 만들었으니, 불에 달군 구리 원주 위를 죄인더러 걷게 하여 불길에 휩싸여 타 죽게 하는 것이었다. 사이계가 좌상 관룡봉에게 물었다.

"어떤가, 좌상. 재미있는가?"

"재미있습니다."

"사람들이 고통 속에서 죽어 가는데 재미있다?"

"천하의 모든 사람들이 괴로워하는데, 폐하만 즐거워하고 있습니다. 신하는 모시는 군주의 지체라 했습니다. 몸이 즐거워하는데 어찌 팔다리가 재미없다 하겠습니까?"

관룡봉은 곧 근위무사에게 끌려 나와 불에 달군 원주 위레를 걷다가 불구덩이 속에 떨어져 죽었다. 사이계가 이처럼 흉폭해지자 상부락의 추장 자천을은 이윤과 손을 잡고 하왕조를 공격하여 무너뜨렸다. 하늘의 명을 뜯어 고친 그야말로 '혁명'인 셈이다.

얽힌 이야기

혁명은 즉흥적인 것이 아니며 개인이 임의로 만드는 것이 아니라고 M.A 바쿠닌은 말한 바 있습니다. 이는 환경에 의해 발생하며 어떤 고의적 의지나 음모와는 전혀 무관하다는 것이지요. 일찍이 아리스토텔레스는 『정치학(政治學)』에서 혁명 그 자체는 작은 일이 아니지만 작은 일에서 발생한다고 하였습니다. 사이계의 일화를 통해서 우리는 많은 것을 깨달을 수 있겠지요.

06 破 鏡
(가를 **파**) (거울 **경**)

겉뜻 : 깨진 거울

속뜻 : 부부간에 금슬이 좋지 않아 이별을 하거나 이혼하는 것을 비유하는 말

옛날이야기

중국 남북조 시대에 진(陳)의 후주 숙보가 「옥수후정화(玉樹後庭花)」의 놀이에 빠져 날마다 가무연락만을 즐기는 바람에 나라의 기틀이 송두리째 흔들리게 되었다. 이때 진후주의 딸 낙창공주(樂昌公主)와 그의 남편 서덕언(徐德言)은 함께 나라 걱정을 했다. 서덕언은 머지않아 나라에 큰 변고가 일어날 듯싶으니 헤어지더라도 품 안에 신물(信物)을 지니고 있으면 만날 수 있다고 말하였다. 그것은 거울이었다. 서덕언은 거울을 꺼내 두 쪽으로 나누어 반반씩 간직하게 되었다. 그리고 내년 보름날 장안에서 제일 번화한 곳에 가서 그 거울을 팔도록 하였다. 그리하면 자신이 찾아가겠다고 했다.

얽힌 이야기

진나라가 망한 후 진숙보는 모든 것을 수나라에 바치고 신하가 되었습니다. 낙창공주는 양소(楊素)의 집으로 들어가게 되었지요. 공주는 남편과의 약속을 잊지 않고 정월 보름만 되면 시장의 가장 번화한 곳에서 반쪽 거울을, 30금에 내놓았습니다. 오가는 사람들은 미쳤다고 손가락질했지요. 깨어진 반쪽 거울을 시중가의 몇십 배에 달하는 값으로 부르니 그렇게 취급하는 것도 당연했습니다. 그런데 이를 사겠다고 하는 사람이 있었으니, 바로 서덕언이었습니다. 전후 사실을 안 양소는 서덕언을 불러들려 그들을 만나게 하고 여생을 함께 지내게 하였다고 합니다. 이 둘의 결말은 참 아름다운데, 요즘 사람들에게 '파경'이란 말은 왜 이렇게 아픈 말이 된 건지 모르겠습니다.

01 有红装不要素装，有月亮不摘星星。 같은 값이면 다홍치마.
Yǒu hóng zhuàng bú yào sù zhuàng,　yǒu yuè liang bù zhāi xīng xing.

02 得了金饭碗，忘了叫街时，得鱼忘筌。 개구리 올챙이 시절 생각 못한다.
Dé le jīn fàn wǎn,　wàng le jiào jié shí,　dé yú wàng quán.

03 不伦不类。 갓 쓰고 양복 입는 격.
Bù lún bú lèi.

04 隔岸观火。 강 건너 불구경.
Gé àn guàn huǒ.

05 鸦行老板管蛋闲事，指手画脚，多管闲事。 배 놔라 감 놔라 한다.
Yā xíng lǎo bǎn guǎn dàn xián shì,　zhǐ shǒu huà jiǎo,　duō guǎn xián shì.

06 远亲不如近邻。 가까운 남이 먼 친척보다 낫다.
Yuǎn qīn bù rú jìn lín.

07 来得早，不如来得巧。 가는 날이 장날이다.
Lái de zǎo,　bù rú lái de qiǎo.

08 不说他秃，他不说你眼瞎。 가는 말이 고와야 오는 말이 곱다.
Bù shuō tà tū,　tā bù shuō nǐ yǎn xiā.

09 冬不去春不来。 가을이 지나고 봄이 오랴.
Dōng bú qù chūn bù lái.

10 多枝的树上风不止，树枝多无宁日。 가지 많은 나무 바람 잘 날 없다.
Duō zhī de shù shang fēng bù zhǐ,　shù zhī duō wú nìng rì.

11 有到喉龙没到肚，不够塞牙缝。 간에 기별도 안 간다.
Yǒu dào hóu lóng méi dào dù,　bú gòu sāi yá féng.

12 风大随风，雨大随雨，朝秦暮楚。 간에 붙었다, 쓸개어 붙었다 한다.
Fēng dà suí fēng,　yǔ dà suí yǔ,　zhāo Qín mù Chǔ.

> **TIP** 朝秦暮楚 아침에는 진나라를 섬기고, 저녁에는 초나라를 섬김
> zhāo Qín mù Chǔ

13 人心换人心，人情换人情。 가는 정이 있어야 오는 정이 있다.
Rén xīn huàn rén xīn,　rén qíng huàn rén qíng.

14 毛毛细雨湿衣裳，小事不防上大当。 가랑비에 옷 젖는 줄 모른다.
Máo mao xì yǔ shī yī cháng,　xiǎo shì bù fáng shɑng dà dāng.

15 纷越筛越细，话越说越粗。 가루는 칠수록 고와지고 말은 할수록 거칠어진다.
Fēn yuè shāi yuè xì,　huà yuè shuō yuè cū.

16 寥寥无几，寥若辰星。 가물에 콩 나듯.
Liáo liɑo wú jǐ,　liáo ruò chén xīng.

17 说着容易做着难。 말하기는 쉽고 실천하기는 어렵다.
Shuō zhe róng yì zuò zhe nán.

18 这山望着那山高。 이쪽 산에서 바라보면 저쪽 산이 높다.
Zhè shān wàng zhe nà shān gāo.

19 念完了经，打和尚。 경 읽기가 끝나면 스님을 때린다.
Niàn wǎn le jīng, dǎ hé shāng.

20 好了疤瘌，忘了痛。 종기가 나으면 아픔을 잊는다.
Hǎo le bā lɑ, wàng le téng.

21 鸡也飞了，蛋也打了。 닭도 놓치고, 알도 깨졌다.
Jī yě dǎ le, dàn yě dǎ le.

22 眼不见，心不烦。 눈에 보이지 않으면, 마음이 불편하지 않다(모르는 게 약).
Yǎn bú jiàn, xīn bù fán.

23 少年易老，学难成，一寸光阴，不可轻。
Shào nián yì lǎo, xué nán chéng, yī cùn guàng yīn, bù kě qīng.
소년은 늙기가 쉽고 학문은 이루기가 어려우니 촌음이라도 헛되이 하지 말라.

24 与人方便，自己方便。 남을 편하게 하면 자기도 편하다(남 대접이 제 대접이다).
Yǔ rén fāng biàn, zì jǐ fāng biàn.

25 站得高，看得远。 높은 곳에 서야 멀리 볼 수 있다.
Zhàn de gāo, kàn de yuǎn.

26 吃一堑，长一智。 한 번 실패하면 그만큼 지혜가 생긴다.
Chī yí giàn zhǎng yí zhì.

27 夸嘴的大夫没好药。 자랑하는 의사에게는 좋은 약이 없다.
Kuā zuǐ de dài fu méi hǎo yào.

28 人怕出名，猪怕肥。 사람은 이름 나는 것 두려워하고, 돼지는 살찌는 것을 두려워한다.
Rén pà chū míng, zhū pà féi.

29 胖子不是一口吃出来的。
Pàng zi bú shì yì kǒu chī chū lái de.
뚱보는 한 입 먹고 살찐 것이 아니다(로마는 하루아침에 이루어지지 않았다).

30 喝水不忘挖井人。 물 마실 때 우물 판 이를 잊지 말아라.
Hē shuǐ bú wàng wā jǐng rén.

중국어 처음 배우십니까

간체자 쓰기

국제어학연구소출판부

中国语

간체자 쓰기

你好！

| 我 wǒ 我·나 아 | 我 | 我 | 我 | 我 | 我 | 我 | |
| | | | | | | | |

| 你 nǐ 妳·너 니 | 你 | 你 | 你 | 你 | 你 | 你 | |
| | | | | | | | |

| 您 nín 您·너 닌 | 您 | 您 | 您 | 您 | 您 | 您 | |
| | | | | | | | |

| 他 tā 他·다를 타 | 他 | 他 | 他 | 他 | 他 | 他 | |
| | | | | | | | |

| 她 tā 她·아가씨 저 | 她 | 她 | 她 | 她 | 她 | 她 | |
| | | | | | | | |

| 们 men 們·들 문 | 们 | 们 | 们 | 们 | 们 | 们 | |
| | | | | | | | |

好 hǎo 好·좋아할 호	好	好	好	好	好	好		

都 dōu 都·도읍 도	都	都	都	都	都	都		

很 hěn 很·패려궂을 흔	很	很	很	很	很	很		

也 yě 也·어조사 야	也	也	也	也	也	也		

的 de 的·과녁 적	的	的	的	的	的	的		

吗 ma 嗎·꾸짖을 마	吗	吗	吗	吗	吗	吗		

 활용단어

很好地 [hěn hǎo de] 뷔 훌륭히 我们 [wǒ men] 때 우리(들)

5

你育几本书?

几	几	几	几	几	几	几	
jǐ 幾 · 기미 기							

岁	岁	岁	岁	岁	岁	岁	
suì 歲 · 해 세							

钱	钱	钱	钱	钱	钱	钱	
qián 錢 · 돈 전							

个	个	个	个	个	个	个	
gè 個 · 낱 개							

书	书	书	书	书	书	书	
shū 書 · 쓸 서							

两	两	两	两	两	两	两	
liǎng 兩 · 두 량							

为 wèi 爲·할 위	为	为	为	为	为	为	
爸 bà 爸·아비 파	爸	爸	爸	爸	爸	爸	
妈 mā 媽·어미 마	妈	妈	妈	妈	妈	妈	
哥 gē 哥·노래 가	哥	哥	哥	哥	哥	哥	
姐 jiě 姐·누이 저	姐	姐	姐	姐	姐	姐	
妹 mèi 妹·누이 매	妹	妹	妹	妹	妹	妹	

 활용단어

哥哥 〔gē ge〕 명 형, 오빠   姐姐 〔jiě jie〕 명 누나, 언니

7

这是什么?

这 zhè 這 · 이 저	这	这	这	这	这	这		
那 nà 那 · 어찌 나	那	那	那	那	那	那		
哪 nǎ 哪 · 역귀 쫓을 소리 나	哪	哪	哪	哪	哪	哪		
吧 ba 吧 · 아이 다툴 파	吧	吧	吧	吧	吧	吧		
呢 ne 呢 · 소곤거릴 니	呢	呢	呢	呢	呢	呢		
啊 ā 啊 · 사랑할 아	啊	啊	啊	啊	啊	啊		

老	老	老	老	老	老	老	

lǎo
老·늙을 로

师	师	师	师	师	师	师	

shī
師·스승 사

对	对	对	对	对	对	对	

duì
對·대답할 대

国	国	国	国	国	国	国	

guó
國·나라 국

学	学	学	学	学	学	学	

xué
學·배울 학

语	语	语	语	语	语	语	

yǔ
語·말씀 어

 활용단어

中国语 [Zhōng guó yǔ] 명 중국어 学习 [xué xi] 명동 공부(하다)

你去哪儿?

什 shén 什·열 사람 십	什	什	什	什	什	什	
么 me 麼·잘 마	么	么	么	么	么	么	
时 shí 時·때 시	时	时	时	时	时	时	
候 hòu 候·물을 후	候	候	候	候	候	候	
来 lái 來·올 래	来	来	来	来	来	来	
请 qǐng 請·청할 청	请	请	请	请	请	请	

| 问 | 问 | 问 | 问 | 问 | 问 | 问 | |
| wèn
問·물을 문 | | | | | | | |

| 站 | 站 | 站 | 站 | 站 | 站 | 站 | |
| zhàn
站·우두커니 설 참 | | | | | | | |

| 现 | 现 | 现 | 现 | 现 | 现 | | |
| xiàn
現·나타날 현 | | | | | | | |

| 见 | 见 | 见 | 见 | 见 | 见 | 见 | |
| jiàn
見·볼 견 | | | | | | | |

| 饭 | 饭 | 饭 | 饭 | 饭 | 饭 | | |
| fàn
飯·밥 반 | | | | | | | |

| 尔 | 尔 | 尔 | 尔 | 尔 | 尔 | 尔 | |
| ěr
爾·너 이 | | | | | | | |

 활용단어

什么 [shěn me] 대 무엇   现在 [xiàn zài] 명 현재, 지금

11

应 yīng 應·응할 응	应	应	应	应	应	应		
该 gāi 該·그 해	该	该	该	该	该	该		
点 diǎn 點·점 점	点	点	点	点	点	点		
飞 fēi 飛·날 비	飞	飞	飞	飞	飞	飞		
谁 shéi 誰·누구 수	谁	谁	谁	谁	谁	谁		
开 kāi 開·열 개	开	开	开	开	开	开		

 활용단어

应该 [yīng gāi] 조동 ~해야 한다　开始 [kāi shǐ] 동 시작하다

12

5과 现在几点钟?

钟
zhōng
鍾, 鐘 · 종 종

早
zǎo
早 · 새벽 조

半
bàn
半 · 반 반

床
chuáng
牀 · 평상 상

号
hào
號 · 부르짖을 호

忙
máng
忙 · 바쁠 망

差 chà 差·어긋날 차	差	差	差	差	差	差		
刻 kè 刻·새길 각	刻	刻	刻	刻	刻	刻		
晚 wǎn 晚·저물 만	晚	晚	晚	晚	晚	晚		
头 tóu 頭·머리 두	头	头	头	头	头	头		
空 kòng 空·빌 공	空	空	空	空	空	空		
星 xīng 星·별 성	星	星	星	星	星	星		

활용단어

起床 [qǐ chuáng] 图 일어나다   星期 [xīng qī] 图 주, 요일

期 期・기약할 기 qī	期	期	期	期	期	期		
每 每・매양 매 měi	每	每	每	每	每	每		
家 家・집 가 jiā	家	家	家	家	家	家		
做 做・지을 주 zuò	做	做	做	做	做	做		
没 沒・가라앉을 몰 méi	没	没	没	没	没	没		
样 樣・모양 양 yàng	样	样	样	样	样	样		

每天 [měi tiān] 몡 매일   没有 [méi yǒu] 통 없다

15

他不会说汉语。

会 huì 會·모일 회	会	会	会	会	会		
说 shuō 說·말씀 설	说	说	说	说	说		
抽 chōu 抽·뺄 추	抽	抽	抽	抽	抽		
烟 yān 煙·연기 연	烟	烟	烟	烟	烟		
体 tǐ 體·몸 체	体	体	体	体	体		
爱 ài 愛·사랑 애	爱	爱	爱	爱	爱		

汉 hàn 漢·한수 한	汉	汉	汉	汉	汉	汉		
懂 dǒng 懂·심란할 동	懂	懂	懂	懂	懂	懂		
电 diàn 電·번개 전	电	电	电	电	电	电		
视 shì 視·볼 시	视	视	视	视	视	视		
机 jī 機·틀 기	机	机	机	机	机	机		
习 xí 習·익힐 습	习	习	习	习	习	习		

汉语 [Hàn yǔ] 명 훌륭히　　　电视 [diàn shì] 명 텔레비전

教 jiào 敎 • 가르칠 교	教	教	教	教	教	教	
喝 hē 喝 • 더위 먹을 갈	喝	喝	喝	喝	喝	喝	
谢 xiè 謝 • 사례할 사	谢	谢	谢	谢	谢	谢	
怎 zěn 怎 • 어찌 즘	怎	怎	怎	怎	怎	怎	
气 qì 氣 • 기운 기	气	气	气	气	气	气	
关 guān 關 • 빗장 관	关	关	关	关	关	关	

활용단어

谢谢 [xiè xie] 투 감사합니다

怎(么)样 [zěn (me) yàng] 대 어떻게

这儿附近有肯德基吗?

网	网	网	网	网	网	
wǎng 網·그물 망						

影	影	影	影	影	影	
yǐng 影·그림자 영						

院	院	院	院	院	院	
yuàn 院·담 원						

旁	旁	旁	旁	旁	旁	
páng 旁·두루 방						

边	边	边	边	边	边	
biān 邊·가 변						

店	店	店	店	店	店	
diàn 店·가게 점						

咖 kā 咖·커피 가	咖	咖	咖	咖	咖	咖		
消 xiāo 消·사라질 소	消	消	消	消	消	消		
厅 tīng 廳·관청 청	厅	厅	厅	厅	厅	厅		
亲 qīn 親·친할 친	亲	亲	亲	亲	亲	亲		
听 tīng 聽·들을 청	听	听	听	听	听	听		
打 dǎ 打·칠 타	打	打	打	打	打	打		

 활용단어

商店 [shāng diàn] 몡 가게　　咖啡 [kā fēi] 몡 커피

话 huà 話 • 말할 화	话	话	话	话	话	话		
声 shēng 聲 • 소리 성	声	声	声	声	声	声		
恋 liàn 戀 • 사모할 련	恋	恋	恋	恋	恋	恋		
办 bàn 辦 • 힘쓸 판	办	办	办	办	办	办		
诉 sù 訴 • 하소연할 소	诉	诉	诉	诉	诉	诉		
等 děng 等 • 가지런할 등	等	等	等	等	等	等		

활용단어

声音 [shēng yīn] 명 소리　　告诉 [gào su] 동 알리다

错 cuò 錯·섞일 착	错	错	错	错	错	错	
过 guò 過·지날 과	过	过	过	过	过	过	
长 zhǎng, cháng 長·길 장	长	长	长	长	长	长	
刚 gāng 剛·굳셀 강	刚	刚	刚	刚	刚	刚	
广 guǎng 廣·넓을 광	广	广	广	广	广	广	
播 bō 播·뿌릴 파	播	播	播	播	播	播	

儿 ér 兒·아이 아	儿	儿	儿	儿	儿	儿	
匙 chí 匙·숟가락 시	匙	匙	匙	匙	匙	匙	
杯 bēi 杯·잔 배	杯	杯	杯	杯	杯	杯	
游 yóu 游·헤엄칠 유	游	游	游	游	游	游	
泳 yǒng 泳·헤엄칠 영	泳	泳	泳	泳	泳	泳	
还 hái, huán 還·돌아올 환	还	还	还	还	还	还	

활용단어

刚才 [gāng cái] 분 방금   游泳 [yóu yǒng] 명동 수영(하다)

23

愉 yú 愉·즐거울 유	愉	愉	愉	愉	愉	愉
快 kuài 快·쾌할 쾌	快	快	快	快	快	快
得 dé, de, děi 得·얻을 득	得	得	得	得	得	得
周 zhōu 周·두루 주	周	周	周	周	周	周
嘿 hēi 嘿·고요할 묵	嘿	嘿	嘿	嘿	嘿	嘿
些 xiē 些·적을 사	些	些	些	些	些	些

활용단어

愉快 [yú kuài] 형 기쁘다   些小 [xiē xiǎo] 형 사소하다

我比她更漂亮。

帅 shuài 帥·장수 수	帅	帅	帅	帅	帅
支 zhī 支·가를 지	支	支	支	支	支
钢 gāng 鋼·강철 강	钢	钢	钢	钢	钢
俩 liǎ 倆·재주 량	俩	俩	俩	俩	俩
当 dāng, dàng 當·당할 당	当	当	当	当	当
矮 ǎi 矮·키 작을 왜	矮	矮	矮	矮	矮

冷 lěng 冷·찰 랭	冷	冷	冷	冷	冷	冷	
更 gēng, gèng 更·고칠 경, 다시 갱	更	更	更	更	更	更	
准 zhǔn 准·승인할 준	准	准	准	准	准	准	
备 bèi 備·갖출 비	备	备	备	备	备	备	
穿 chuān 穿·뚫을 천	穿	穿	穿	穿	穿	穿	
闷 mèn 悶·번민할 민	闷	闷	闷	闷	闷	闷	

 활용단어

当天 [dàng tiān] 몡 당일, 그날   准备 [zhǔn bèi] 몡동 준비(하다)

26

| 热
rè
熱·더울 열 | 热 | 热 | 热 | 热 | 热 | 热 | | |

| 刮
guā
颳·모진 바람 괄 | 刮 | 刮 | 刮 | 刮 | 刮 | 刮 | | |

| 风
fēng
風·바람 풍 | 风 | 风 | 风 | 风 | 风 | 风 | | |

| 越
yuè
越·넘을 월 | 越 | 越 | 越 | 越 | 越 | 越 | | |

| 漂
piāo, piǎo, piào
漂·떠돌 표 | 漂 | 漂 | 漂 | 漂 | 漂 | 漂 | | |

| 亮
liáng, liàng
亮·밝을 량 | 亮 | 亮 | 亮 | 亮 | 亮 | 亮 | | |

刮风 [guā fēng] 동 바람이 불다
漂亮 [piào liang] 대 아름답다, 예쁘다

27

我有男朋友了。

朋 péng 朋·벗 붕	朋	朋	朋	朋	朋	朋	
友 yǒu 友·벗 우	友	友	友	友	友	友	
考 kǎo 考·상고할 고	考	考	考	考	考	考	
试 shì 試·시험할 시	试	试	试	试	试	试	
经 jīng, jìng 經·날 경	经	经	经	经	经	经	
呀 yā, ya, xiā 呀·입 벌릴 하	呀	呀	呀	呀	呀	呀	

间 jiān 間·사이 간	间	间	间	间	间	间		
誓 shì 誓·맹세할 서	誓	誓	誓	誓	誓	誓		
吃 chī 吃·말더듬을 흘	吃	吃	吃	吃	吃	吃		
饿 è 餓·주릴 아	饿	饿	饿	饿	饿	饿		
咱 zán 咱·나 찰	咱	咱	咱	咱	咱	咱		
肚 dǔ, dù 肚·배 두	肚	肚	肚	肚	肚	肚		

활용단어

朋友 [péng you] 명 친구   肚子 [dù zi] 명 배, 복부

馆 guǎn 館 • 객사 관	馆	馆	馆	馆	馆	馆		
买 mǎi 買 • 살 매	买	买	买	买	买	买		
货 huò 貨 • 재화 화	货	货	货	货	货	货		
劳 láo 勞 • 일할 로	劳	劳	劳	劳	劳	劳		
课 kè 課 • 매길 과	课	课	课	课	课	课		
业 yè 業 • 업 업	业	业	业	业	业	业		

활용단어

饭馆 [fàn guǎn] 명 식당　　课业 [kè yè] 명 수업

我跟他分道扬镳了。

昨 zuó 昨·어제 작	昨	昨	昨	昨	昨	昨	

仔 zī, zǐ, zǎi 仔·자세할 자	仔	仔	仔	仔	仔	仔	

裤 kù 褲, 袴·바지 고	裤	裤	裤	裤	裤	裤	

捡 jiǎn 撿·단속할 검	捡	捡	捡	捡	捡	捡	

块 kuài 塊·흙덩이 괴	块	块	块	块	块	块	

扬 yáng 揚·오를 양	扬	扬	扬	扬	扬	扬	

骠 biāo, piào 驃·표절따 표	骠	骠	骠	骠	骠		

结 jiē, jié 結·맺을 결	结	结	结	结	结		

系 xì 系·이을 계	系	系	系	系	系		

严 yán 嚴·엄할 엄	严	严	严	严	严		

独 dú 獨·홀로 독	独	独	独	独	独		

厌 yàn 厭·싫을 염	厌	厌	厌	厌	厌		

활용단어

裤子 [kù zi] 명 바지   结果 [jié guǒ] 부 결국

倦 juàn 倦·게으를 권	倦	倦	倦	倦	倦		
连 lián 連·잇닿을 련	连	连	连	连	连		
词 cí 詞·말씀 사	词	词	词	词	词		
欢 huān 歡·기뻐할 환	欢	欢	欢	欢	欢		
售 shòu 售·팔 수	售	售	售	售	售		
节 jiē, jié 節·마디 절	节	节	节	节	节		

讨厌 [tǎo yàn] 형 싫다   喜欢 [xǐ huan] 동 좋아하다

雨不停地下着。

| 聊 liáo 聊·귀울 료 | 聊 | 聊 | 聊 | 聊 | 聊 | 聊 | | |

| 镜 jìng 鏡·거울 경 | 镜 | 镜 | 镜 | 镜 | 镜 | 镜 | | |

| 实 shí 實·열매 실 | 实 | 实 | 实 | 实 | 实 | 实 | | |

| 害 hài 害·해칠 해 | 害 | 害 | 害 | 害 | 害 | 害 | | |

| 龄 líng 齡·나이 령 | 龄 | 龄 | 龄 | 龄 | 龄 | 龄 | | |

| 跑 páo, pǎo 跑·허빌 포 | 跑 | 跑 | 跑 | 跑 | 跑 | 跑 | | |

保 bǎo 保・지킬 보	保	保	保	保	保	保	
拳 quán 拳・주먹 권	拳	拳	拳	拳	拳	拳	
蓝 lán 藍・쪽 람	蓝	蓝	蓝	蓝	蓝	蓝	
排 pái, pǎi 排・밀칠 배	排	排	排	排	排	排	
脑 nǎo 腦・뇌 뇌	脑	脑	脑	脑	脑	脑	
躺 tǎng 躺・누울 당	躺	躺	躺	躺	躺	躺	

활용단어

其实 [qí shí] 부 실은　　电脑 [diàn nǎo] 명 컴퓨터

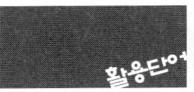

铁 tiě 鐵·쇠 철	铁	铁	铁	铁	铁	铁	
怕 pà 怕·두려워할 파	怕	怕	怕	怕	怕	怕	
骗 piàn 骗·속일 편	骗	骗	骗	骗	骗	骗	
蛋 dàn 蛋·새알 단	蛋	蛋	蛋	蛋	蛋	蛋	
讨 tǎo 討·칠 토	讨	讨	讨	讨	讨	讨	
讲 jiǎng 講·익힐 강	讲	讲	讲	讲	讲	讲	

 활용단어

地铁 [dì tiě] 몡 지하철　　怕不 [pà bu] 튀 어쩌면

次 cì 次·버금 차	次	次	次	次	次	
从 cóng 從·좇을 종	从	从	从	从	从	
啤 pí 啤·맥주 비	啤	啤	啤	啤	啤	
记 jì 記·기록할 기	记	记	记	记	记	
暂 zàn 暫·잠시 잠	暂	暂	暂	暂	暂	
了 le, liǎo, liào 了·마칠 료	了	了	了	了	了	

| 突 | 突 | 突 | 突 | 突 | 突 | 突 | |
| tū 突·갑자기 돌 | | | | | | | |

| 约 | 约 | 约 | 约 | 约 | 约 | 约 | |
| yuē, yāo 约·묶을 약 | | | | | | | |

| 掉 | 掉 | 掉 | 掉 | 掉 | 掉 | 掉 | |
| diào 掉·흔들 도 | | | | | | | |

| 马 | 马 | 马 | 马 | 马 | 马 | 马 | |
| mǎ 馬·말 마 | | | | | | | |

| 觉 | 觉 | 觉 | 觉 | 觉 | 觉 | 觉 | |
| jué, jiào 覺·깨달을 각 | | | | | | | |

| 锻 | 锻 | 锻 | 锻 | 锻 | 锻 | 锻 | |
| duàn 鍛·쇠 불릴 단 | | | | | | | |

활용단어

了解 [liǎo jiě] 동 이해하다   觉得 [jué de] 동 느끼다

38

炼 liàn 煉・불릴 련	炼 炼 炼 炼 炼 炼
乐 lè, yuè, yào 樂・즐길 락, 풍류 악, 좋아할 요	乐 乐 乐 乐 乐 乐
读 dú, dòu 讀・읽을 독	读 读 读 读 读 读
烤 kǎo 烤・불에 말릴 고	烤 烤 烤 烤 烤 烤
鸭 yā 鴨・오리 압	鸭 鸭 鸭 鸭 鸭 鸭
轻 qīng 輕・가벼울 경	轻 轻 轻 轻 轻 轻

활용단어

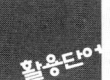

读书 [dú shū] 동 독서하다　烤鸭 [kǎo yā] 명 오리 구이

他帅呆了！

进 jìn 進・나아갈 진	进	进	进	进	进	
谎 huǎng 謊・잠꼬대 황	谎	谎	谎	谎	谎	
爬 pá 爬・긁을 파	爬	爬	爬	爬	爬	
寓 yù 寓・머무를 우	寓	寓	寓	寓	寓	
暖 nuǎn 暖・따뜻할 난	暖	暖	暖	暖	暖	
和 hé, huó, huò 和・화할 화	和	和	和	和	和	

吻 wěn 吻·입술 문	吻	吻	吻	吻	吻	
吵 chāo, chǎo 吵·소리 초	吵	吵	吵	吵	吵	
嫉 jí 嫉·시기할 질	嫉	嫉	嫉	嫉	嫉	
妒 dù 妒·투기할 투	妒	妒	妒	妒	妒	
误 wù 誤·그릇할 오	误	误	误	误	误	
写 xiě, xiè 寫·베낄 사	写	写	写	写	写	

활용단어

暖和 [nuǎn huo] 형 따뜻하다   误会 [wù huì] 명동 오해(하다)

呆 dāi 呆·어리석을 태, 매	呆	呆	呆	呆	呆	呆		
离 lí 離·떼놓을 리	离	离	离	离	离	离		
后 hòu 後·뒤 후	后	后	后	后	后	后		
真 zhēn 眞·참 진	真	真	真	真	真	真		
唱 chàng 唱·노래 창	唱	唱	唱	唱	唱	唱		
然 rán 然·그러할 연	然	然	然	然	然	然		

 활용단어

后面 [hòu miàn] 명 뒤쪽   唱歌 [chàng gē] 동 노래하다

42

你一个人能吃得了吗?

| 张
zhāng
張·베풀 장 | 张 | 张 | 张 | 张 | 张 | 张 | |
| | | | | | | | |

| 东
dōng
東·동녘 동 | 东 | 东 | 东 | 东 | 东 | 东 | |
| | | | | | | | |

| 简
jiǎn
簡·대쪽 간 | 简 | 简 | 简 | 简 | 简 | 简 | |
| | | | | | | | |

| 单
dān, chán
單·홑 단 | 单 | 单 | 单 | 单 | 单 | 单 | |
| | | | | | | | |

| 绅
shēn
紳·큰 띠 신 | 绅 | 绅 | 绅 | 绅 | 绅 | 绅 | |
| | | | | | | | |

| 羡
xiàn
羨·부러워할 선 | 羡 | 羡 | 羡 | 羡 | 羡 | 羡 | |
| | | | | | | | |

慕 mù 慕·그리워할 모	慕	慕	慕	慕	慕	慕		
俏 qiào 俏·닮을 초	俏	俏	俏	俏	俏	俏		
介 jiè 介·끼일 개	介	介	介	介	介	介		
绍 shào 紹·이을 소	绍	绍	绍	绍	绍	绍		
瘦 shòu 瘦·파리할 수	瘦	瘦	瘦	瘦	瘦	瘦		
稻 dào 稻·벼 도	稻	稻	稻	稻	稻	稻		

활용단어

简单 [jiǎn dān] 휑 간단하다　　介绍 [jiè shào] 됭 소개하다

减	减	减	减	减	减	减	
jiǎn 减·덜 감							

肥	肥	肥	肥	肥	肥	肥	
féi 肥·살찔 비							

护	护	护	护	护	护	护	
hù 護·보호할 호							

诊	诊	诊	诊	诊	诊	诊	
zhěn 诊·볼 진							

便	便	便	便	便	便	便	
biàn, pián 便·편할 편							

宜	宜	宜	宜	宜	宜	宜	
yí 宜·마땅할 의							

활용단어

护士 [hù shì] 명 간호사　　　便宜 [pián yi] 형 값싸다

叫 jiào 叫・부르짖을 규	叫	叫	叫	叫	叫	叫	
炸 zhá, zhà 炸・터질 작	炸	炸	炸	炸	炸	炸	
酱 jiàng 醬・젓갈 장	酱	酱	酱	酱	酱	酱	
弄 nòng, lòng 弄・희롱할 롱	弄	弄	弄	弄	弄	弄	
坏 huài 壞・무너질 괴	坏	坏	坏	坏	坏	坏	
顿 dùn, dú 頓・조아릴 돈	顿	顿	顿	顿	顿	顿	

拾 shè, shī, shí 拾 • 주울 습	拾	拾	拾	拾	拾	拾	
园 yuán 園 • 동산 원	园	园	园	园	园	园	
替 tì 替 • 쇠퇴할 체	替	替	替	替	替	替	
申 shēn 申 • 아홉째 지지 신	申	申	申	申	申	申	
抱 bào 抱 • 안을 포	抱	抱	抱	抱	抱	抱	
图 tú 圖 • 그림 도	图	图	图	图	图	图	

활용단어

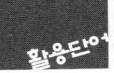

炸酱面 [zhá jiàng miàn] 명 자장면

图书馆 [tú shū guǎn] 명 도서관

仪 yí 儀·거동 의	仪	仪	仪	仪	仪	仪	
铅 qiān, yán 鉛·납 연	铅	铅	铅	铅	铅	铅	
除 chú 除·섬돌 제	除	除	除	除	除	除	
务 wù 務·일 무	务	务	务	务	务	务	
车 chē, jū 車·수레 차, 수레 거	车	车	车	车	车	车	
被 bèi 被·이불 피	被	被	被	被	被	被	

务必 [wù bì] 男 반드시, 꼭   火车站 [huǒ chē zhàn] 명 기차역

48